iniciação à linguística:
fundamentos essenciais

Lexikon | *obras de referência*

CARLOS EDUARDO FALCÃO UCHÔA

iniciação à linguística:
fundamentos essenciais

© 2019, by Carlos Eduardo Falcão Uchôa

Direitos de edição da obra em língua portuguesa adquiridos pela Lexikon Editora Digital Ltda. Todos os direitos reservados. Nenhuma parte desta obra pode ser apropriada e estocada em sistema de banco de dados ou processo similar, em qualquer forma ou meio, seja eletrônico, de fotocópia, gravação, etc., sem a permissão do detentor do copirraite.

Lexikon Editora Digital Ltda.
Rua Luís Câmara, 280 – Ramos
21031-175 Rio de Janeiro – RJ – Brasil
Tel.: (21) 2221 8740 / 2560 2601
www.lexikon.com.br – sac@lexikon.com.br

PRODUÇÃO EDITORIAL	DIAGRAMAÇÃO E CAPA
Sonia Hey	*Filigrana Design*

REVISÃO
Perla Serafim

IMAGEM DA CAPA: © Pixabay | igordc888

CIP-BRASIL. CATALOGAÇÃO NA PUBLICAÇÃO
SINDICATO NACIONAL DOS EDITORES DE LIVROS, RJ

U19i

    Uchôa, Carlos Eduardo Falcão
    Iniciação à linguística : fundamentos essenciais / Carlos Eduardo Falcão Uchôa. - 1. ed. - Rio de Janeiro: Lexikon, 2019.
    240 p. ; 21 cm.

    Inclui bibliografia
    ISBN 9788583001058

    1. Linguística. 2. Linguagem e línguas. I. Título.

19-55698	CDD: 410
	CDU: 81-11

Todos os esforços foram feitos para encontrar os detentores dos direitos autorais das citações e poemas publicados neste livro. Nem sempre isso foi possível. Teremos o maior prazer em creditá-los caso sejam determinados.

Possuidor da palavra, o homem tornou-se senhor do mundo da natureza e do mundo dos espíritos. Por isso Novalis dizia: "A palavra é obra de magia: chamamos um espírito e ele vem."
                                              Antonino Pagliaro

Esta *Iniciação* é dedicada a todos os que, numa trajetória de cinquenta anos, foram meus alunos de Linguística, na Universidade Federal Fluminense, na Universidade Federal do Rio de Janeiro e no Liceu Literário Português, em cursos de graduação, de especialização, de mestrado e de doutorado. Bate-me hoje a sensação de uma Grande Turma, que se manteve ao longo de todos estes anos, que nunca se desfez, porquanto permanecemos em diálogo e em reflexão sobre os mistérios do mundo maravilhoso da linguagem, que não nos deixou de encantar.

Aos meus numerosos ex-alunos é chegado o momento de agradecer-lhes o quanto contribuíram, com o seu incentivo e com a sua confiança, para o meu desenvolvimento como professor e como linguista, convivendo com as suas dificuldades, com as suas dúvidas, mas também por não esconderem que estavam, tantas vezes, tomados de certo fascínio pelo estudo científico da linguagem verbal.

O relógio do tempo, como a diacronia das línguas, vai marcando mudanças. Mas a vida não são apenas mudanças. O convívio humano nos proporciona também laços estáveis, laços fortes, posto que firmados pela afetividade, que não serão desfeitos, resguardados pela memória seletiva das nossas convivências.

Obrigado a todos os meus ex-alunos.

Ao Professor Rosalvo do Valle, meu mestre, que soube, com tato e determinação, me encaminhar para o espaço das salas de aula, minha saudade, sempre.

Sumário

Palavras necessárias ... 11
1. Afinal, que faz o linguista? ... 17
2. Para que serve a linguagem? ... 43
3. Que é ter competência linguística? ... 59
4. Que é ter domínio de uma língua? ... 93
5. E o saber gramatical? Que vem a ser? ... 125
6. Como varia uma língua? ... 157
7. Como as línguas mudam? ... 177
8. Enfim, que é ter competência textual? ... 193
Referências bibliográficas ... 231

Palavras necessárias

Este livro, conforme o título e o subtítulo já indicam, não se destina aos linguistas. Ao contrário, seu público alvo é constituído pelos alunos que ingressaram ou estão prestes a ingressar nos cursos de Letras ou de Comunicação, e também por todos os profissionais que lidam com a linguagem, entre os quais os professores sobretudo de Português que atuam nos níveis fundamental e médio de ensino e que se ressintam, em sua formação, de uma fundamentação linguística segura, coerente, de que se possam valer em sua prática pedagógica e, ainda, por todos aqueles sequiosos por saberem, enfim, o que vem a ser mesmo a Linguística, disciplina atualmente muito prestigiada em alguns meios acadêmicos.

Não se pode negar que a Linguística, o conhecimento científico sobre a linguagem, é indispensável para um direcionamento mais eficiente do ensino de uma língua. Contanto, naturalmente, que este direcionamento não se manifeste equivocadamente, com ênfase em noções teóricas como um fim, com a consequente insistência em novas classificações, vale dizer, com a manutenção de um ensino metalinguístico, através de outros termos. Confusão elementar que continuaria a se processar assim entre prática da linguagem e prática da metalinguagem.

Este livro é composto de oito capítulos. Todos eles têm seus respetivos títulos apresentados sob a forma de uma indagação, de modo que o conteúdo central de cada um deles suscite uma resposta à pergunta formulada. Assim, "Como as línguas mudam? ou " Como variam as línguas?".

As indagações cobrem, a nosso ver, um campo amplo do estudo da linguagem verbal, desde os capítulos a propósito de esclarecer a função do linguista como um cientista e o que ele investiga e para que serve a linguagem, até a indagação sobre o saber textual, passando por outros quatro tópicos de maior interesse da linguística contemporânea: a competência, a língua (com um capítulo à parte sobre gramática) a variação e a mudança linguística.

Como o livro se propõe mesmo a ser de iniciação, não nos detivemos em complexas controvérsias sobre o mundo conceitual focalizado. Em vez de uma bibliografia final extensa, tantas vezes com indicações já muito especializadas, optou-se, ao fim da obra, pelos títulos mencionados em cada capítulo, mantido o nome deste, com cuja leitura integral de ou de outro item citado, poderá o leitor aprofundar o seu conhecimento sobre certo tema.

Não se trata de uma obra de história da Linguística, ainda que a progressão das ideias linguísticas no correr histórico seja por vezes focalizada, como o surgimento do estruturalismo, da sociolinguística e da linguística do uso.

Dada a ocorrência atual de várias correntes sobre o abrangente campo de investigação da ciência da linguagem, sabemos que, em alguns dos nossos Cursos de Letras, a Linguística começa a ser apresentada através de uma dessas correntes. No semestre inicial, ficam os alunos entretidos, digamos, com conceitos e problemas levantados pela Sociolinguística, sendo levados muitas vezes a identificar, no começo do curso, esta corrente com a própria Linguística. No semestre seguinte, estudam a Pragmática, por exemplo. Muitos alunos se têm queixado então de não apreenderem qual, enfim, o objeto da Linguística, pois, em cada semestre, são levados a refletir sobre áreas de estudo muito distintas, ressentindo-se assim de uma continuidade programática e, deste modo, de uma visão total da ciência que focaliza a linguagem verbal.

Cada linguista certamente escreveria a sua iniciação à ciência a cujo estudo e pesquisa se dedica, há tantos anos muitos deles, optando pelos fundamentos que consideraria essenciais para integrarem a sua obra. Esta Iniciação é apenas uma das muitas iniciações que podem ser apresentadas.

Procuramos sempre, neste livro de iniciação a uma ciência, a verdade, ou melhor, a parcela da verdade, onde quer que a julgamos tê-la encontrado, não importando a época de seu surgimento e desenvolvimento. Não se concebe uma ciência total apenas no seu estado presente. Se é certo que, pelo passado, não se explica o presente, também é certo que a ignorância do passado prejudica a compreensão do presente.

Como nasceu a Sociolinguística? E a Pragmática, por exemplo? A continuidade histórica das ideias que passam a ser formuladas pela ciência linguística é que explicará com segurança o surgimento de ambas. O genial Saussure, como entendê-lo? Também a engrenagem das ideias hoje dominantes em certa área de estudo da linguagem com as do passado deve ser levada em conta, como ficará evidente no capítulo dedicado ao estudo da mudança linguística.

Vai se encontrar nas páginas desta Iniciação o eco da voz de muitos mestres em cujas obras vislumbramos um caminho bem fundamentado, para aprofundar as investigações sobre o complexo fenômeno da linguagem.

Há uma linha de orientação na ideologia linguística deste livro: a linguagem entendida como uma atividade, e atividade livre, finalística, por isso mesmo criadora, pois só cria quem é livre. O saber linguístico não repete simplesmente, redutoramente, o aprendido.

Entre os mestres, não podemos omitir o nome do linguista romeno Eugenio Coseriu, tão mal conhecido no Brasil, considerado como um mero estruturalista, pela publicação de algumas de suas obras na década dos anos de 1950, quando o estruturalismo era a corrente linguística. A Coseriu devemos muito o aprofundamento desta concepção da linguagem como uma atividade essencialmente criadora, ressaltada ainda a extensão e abrangência de sua obra, com a proposição, ressaltemos, de uma "linguística integral", que será caracterizada aqui no capítulo dedicado à competência linguística, e de uma linguística do texto, como hermenêutica do sentido. O linguista português Herculano de Carvalho, com eco de voz também forte nesta Iniciação, sustenta uma orientação, confessadamente, bem próxima à de Coseriu.

Mas o eco da voz de mestres brasileiros contemporâneos, sem esquecer o da voz pioneira de Mattoso Câmara, se faz também ouvir, a ressaltar, entre outros, o de Fiorin, nos dois capítulos iniciais e no capítulo sobre o uso linguístico, o de Ingedore Koch, ao tratar da produção e da recepção do texto, e o de Marcuschi, ao se enfocar a relação entre as duas modalidades linguísticas, a falada e a escrita.

Não faltaram exemplos sempre que se mostraram de todo recomendáveis, por nós mesmos selecionados ou valendo-nos dos que, sugestivos, ocorrem em outras obras, com a necessária indicação de onde foram colhidos.

Exemplos de textos escritos e orais, de textos literários, em prosa e verso. Entre estes últimos, nossas escolhas recaíram em contextos em que a expressividade estética tocou a nossa sensibilidade de leitor, podendo figurarem assim lado a lado Fagundes Varela, Manuel Bandeira, Olavo Bilac, Manuel de Barros, Raul de Leoni e Carlos Drummond de Andrade.

Ficaremos efetivamente realizados se esta Iniciação vier a se constituir numa visão clara e consistente do objeto de estudo desta ciência, que tem a linguagem verbal como seu foco de estudo e de pesquisa. E também se os fundamentos aqui comentados contribuírem para uma formação linguística da qual o professorado de Português possa concretamente usufruir para uma ação pedagógica proficiente (velha preocupação nossa) com vista a uma desejada e necessária renovação para o ensino do vernáculo.

Agradecemos à Lexikon Editora, sob nova direção, a publicação desta nossa obra. Os agradecimentos se estendem a vários amigos e colegas que tanto nos incentivaram a escrever esta Iniciação. De modo especial, à amiga Terezinha Passos Bittencourt, professora da UFF e doutora pela USP, pela dedicação de rever os originais do que íamos escrevendo, com observações das mais acuradas e pertinentes. Agradecemos também à amiga Marina Coelho Moreira Cezar, professora da Escola Naval e doutora pela UFF, sua palavra de permanente apoio ao prosseguimento da nossa obra. E à Celeste, que, com o seu jeitinho especial, esteve sempre nos transmitindo otimismo, para superarmos as dificuldades com que nos íamos deparando.

1. Afinal, que faz o linguista?

A sociedade não sabe o que faz um linguista, que pesquisas ele desenvolve, o que se estuda, com as diferenças programáticas previsíveis, ao ser aluno de um curso de Linguística. As comunidades, mesmo os seus grupos mais letrados, têm apenas uma ideia vaga do que faz, por exemplo, um linguista, ou outros cientistas, como um botânico, ou um economista, embora seus objetos materiais de pesquisa sejam de conhecimento corriqueiro: a linguagem, as plantas e as finanças, respectivamente. A impressão geral do mundo leigo sobre ciência é a de exigir um estudo, uma atividade séria que demanda pesquisas contínuas acerca de determinado campo de conhecimento.

A linguagem é atividade livre, requisito essencial para a criação, atividade que nos acompanha a cada momento, onipresente, por isso a atenção com a sua prática se manifestar constantemente, com observações e avaliações das mais díspares, explicitadas por pessoas de todas as etnias e de todos os segmentos sociais (até partidas de crianças). Todo falante se julga em condições de emitir juízos de valor sobre a atividade linguística dos outros, ainda que, em geral, sem uma base científica, que requer, seja ela qual for, um mundo conceitual fundamentado, abrangente, coerente e isento, que sirva ao observador de terreno seguro para investigações e análises dos dados concretos que se apresentam a ele.

A Linguística moderna, como ciência da linguagem, se iniciou no século XIX, vindo a alcançar notável progressão no século seguinte, a partir da publicação póstuma do celebrado *Curso de linguística geral*, do suíço Ferdinand de Saussure, em 1916. Mas, pode-se dizer, que até hoje só é mesmo conhecida no mundo acadêmico – e assim mesmo nem sempre com uma visão suficientemente esclarecedora, por parte de um considerável número de alunos –, onde se tornou, em nosso país, disciplina obrigatória, prestigiada então, nos cursos de Letras, há pouco mais de seis décadas, a partir dos anos de 1960.

No mundo leigo, reina, então, o desconhecimento generalizado sobre ela. O que nele prevalece é o senso comum sobre a linguagem, o de ser uma prática comunicativa que segue determinadas regras de uma língua, cujo domínio, conforme as regras utilizadas, pode estabelecer, em certas comunidades, uma importante distinção sociocultural entre pessoas e grupos: os que falam bem ou certo e os que falam mal ou errado, o que tem dificultado, e muito, o entendimento e a aceitação de uma ciência que se proponha a estudar a linguagem de maneira isenta, sem outro compromisso que seja com o intento do como

1. Afinal, que faz o linguista?

foi exatamente dita, interditando, assim, a iniciativa de qualquer correção.

Esta se faz presente quando o intento é coibir que os usuários se expressem, mesmo no dia a dia, por meio de formas e combinações idiomáticas que não estejam de acordo com as da norma veiculada pelas pessoas de melhor nível de escolaridade, preocupação válida, sobretudo na escola, desde que devidamente delimitada a certas situações discursivas, como se verá adiante.

Na verdade, nada há de equivocado, muito pelo contrário, em uma pessoa querer falar e escrever como falam e escrevem realmente as pessoas mais letradas da sua comunidade. Tal objetivo, todavia, se torna um problema, bastante frequente entre nós, na sociedade e no ensino escolar, quando estendido a qualquer falante, situação social ou escolar, como se houvesse uma única maneira, um único conjunto de regras, para a expressão de enunciados em uma língua.

Passa-se a ter, então, uma visão redutora, empobrecedora, de uma língua, concebida como um mero inventário pronto de regras, as adotadas pelos usuários socialmente mais prestigiados na comunidade, com rejeição, estigmatização mesmo, de todas as outras, empregadas pelos falantes de outros segmentos sociais ou que se encontrem em determinadas circunstâncias menos monitoradas de fala.

Serão então julgados como certos ou como errados os usuários que, em sua fala, seguirem ou não as regras desta norma prestigiada da língua, identificada como "o português correto", às vezes, como "o português" (da época antemodernista, fundamentalmente). A língua, qualquer língua, não pode ser identificada com a sua variedade mais prestigiada socialmente, ainda que seja esta a que mais difunde um idioma, expressão das formas mais elaboradas de sua cultura.

Eis, aí sim, o equívoco, o grande equívoco, que anula a compreensão de uma ciência linguística e a utilização plena dos recursos deste mundo maravilhoso da linguagem, que se apresenta sempre historicamente como línguas, caracterizadas, cada uma delas, como a unidade na variedade e a variedade na unidade, da mesma maneira que o ser humano que as fala: sempre o mesmo e sempre diverso.

Fácil entender que esta atitude normativa do *dever ser* não é compatível, nem pode ser compatível com qualquer ciência, logo com a Linguística. Nenhuma ciência é normativa. Inimaginável um botânico só querer pesquisar plantas de certa espécie mais valorizada comercialmente. Do mesmo modo, um linguista se interessar apenas por uma norma do português, identificada com a maneira do agir linguístico dos falantes mais letrados da comunidade.

Não se nega valor sociológico a este maior prestígio da norma culta de uma língua, mas não cabe a um estudo científico da linguagem se valer de juízos de valor, sejam eles sociais, nacionalistas, lógicos, ideológicos, ou quaisquer outros, para aceitar, rejeitar ou censurar um emprego idiomático ou considerá-lo melhor que outro.

A acrescentar que uma gramática normativa não é científica quanto à sua finalidade, que é um saber prático, mas o é em sua elaboração, que exige fundamentos científicos: a escolha do *corpus*, de uma teoria gramatical congruente, com sua metalinguagem, o rigor na descrição e o estabelecimento rigoroso das normas de realização do uso culto.

1. Afinal, que faz o linguista?

Imagine-se um botânico se eximindo de pesquisar espécies que ele não considera belas, ou aquelas cujo perfume não lhe agrada, e o linguista se abstendo de analisar dialetos socialmente estigmatizados ou línguas ágrafas. Quem estudaria as línguas indígenas, por exemplo (em sua maioria ágrafas)? Ambos deixariam de fazer ciência. Um florista não é um botânico, como um gramático normativo, como tal, não é um linguista, sem demérito nenhum para o florista e para o gramático normativo. A sociedade precisa deles. Ela conhece, em geral, justamente o florista e o gramático normativo, não o botânico e o linguista.

Cabe sim a este último, como já explicitado, constatar o que foi rigorosamente dito ou escrito, por quem (a atividade linguística pressupõe sempre um ser humano como autor), descrever a ocorrência, seja ela qual for, e tentar uma explicação, levando em conta fatores como o nível de escolaridade do falante ou a situação em que ele se encontra, o que vai lhe propiciando gradativamente a construção de descrições fundamentadas sobre o fenômeno linguístico, com teorias diversas, na verdade, complementares, dada a complexidade do campo da linguagem, que comporta, por isso, enfoques diversos: estruturalismo, gerativismo, funcionalismo...

Pode-se dizer que a Linguística moderna tem como objeto inicial de pesquisa, nos anos de 1920 e 1930, o estudo do fonema (nasce a Fonologia, distinguindo-se da Fonética), logo depois o morfema e a palavra (a Morfologia), unidades menos complexas, a seguir a Sintaxe e a Semântica, até chegar, em décadas posteriores, a outras disciplinas relativas sobretudo ao uso linguístico, que passa a comportar estudos com enfoques diversos (como a Linguística Textual e as teorias do discurso).

Enfatize-se então a variedade de correntes que a Linguística comporta nos tempos atuais sobre diversas disciplinas. Assim, há uma sintaxe estrutural, uma sintaxe gerativa, uma sintaxe funcional. Depois do estruturalismo, com que se inicia a moderna ciência linguística, o gerativismo, o funcionalismo, o cognitivismo..., além de estudos interdisciplinares como os da Sociolinguística e da Psicolinguística.

Pode-se assim bem compreender que os linguistas, sobre deverem ter o domínio dos fundamentos essenciais das diferentes disciplinas e correntes teóricas da ciência linguística da atualidade, se inclinem, naturalmente, ante tal amplidão do campo de estudo, para certa linha de pesquisa, objeto principal então de seus cursos, publicações, orientação de monografias e comunicações em eventos acadêmicos. Não sem razão, por conseguinte, que as obras de introdução à Linguística, com até dois tomos, tenham geralmente os diversos objetos específicos de estudo sob a responsabilidade de vários autores. (Fiorin (org.), 2v., 2002)

O que o linguista faz, pois, é se valer do saber prático dos falantes para, a partir daí, ir estruturando o seu estatuto de ciência, nunca se posicionando contra eles, em nome de qualquer critério condenatório: fala inadmissível, pois esta forma ou construção é um anglicismo, ou esta outra, por soar mal, ou, o mais frequente, tal emprego verbal deve ser evitado, já que é próprio da fala vulgar, dos iletrados...

Infelizmente, há professores, portanto, profissionais, que chegam a afirmar que ocorrências como "menas",

"Petropis", "eles come", "Ganhei um livro que não gostei dele", e tantas outras, não existem na língua, talvez como uma maneira, equivocada completamente, de condená-las com maior rigor nos discursos de seus alunos. Em suma, a ciência da linguagem não trabalha com o acerto e o erro do agir linguístico, da mesma maneira que um botânico não fica classificando as plantas em espécies interessantes ou desprezíveis.

O linguista, deste modo, perante um emprego como "menas gente", ignora tanto a indignação dos que se manifestam contra quem se vale desta construção, quanto o júbilo iconoclasta de outros a registrar tais formas destoantes do uso culto. Ocorrências como esta representam para ele simples fatos a observar e a explicar dentro do contexto em que aparecem.

Portanto, o ser linguista não é impeditivo de explicitar censuras, ou até apreciações de troça, a que muitas ocorrências se prestam na observação de vários falantes, nem, ao contrário, de registrar a indiferença em que ficam outros usuários. O importante é entender que o linguista se abstém de tomar partido de um modo de dizer, porque simplesmente este não é o seu papel. Quer dizer, ele pode perfeitamente manifestar estranheza ante certas falas (um "haverão" proferido por uma pessoa letrada), porém, não as censura, tenta, quando pode, explicá-las.

De modo que, tratando-se de um estudo científico da linguagem, não passa de considerações meramente subjetivas, impressionísticas, considerar, por exemplo, que o francês é uma língua bonita, bem-soante, que encanta quem a ouve, ao contrário do alemão, língua sentida por muitos como pesada, de sons desagradáveis. Da mesma maneira não tem nenhum fundamento científico, porque não tem apoio na realidade linguística (não faz parte da língua), afirmar que o português é língua difícil, língua de muitas exceções (só há exceções para regras mal estabelecidas).

A verdade é que a língua portuguesa é mesmo, para a maioria dos usuários, julgada como difícil, porque identifica a língua com a metalinguagem, ou porque se sente longe, apesar de anos de escolaridade, do domínio da norma prestigiada. Fique de todo esclarecido que a metalinguagem é o saber sobre a linguagem. Há, então, o saber linguístico, ou seja, o saber fazer, o saber, por exemplo, como utilizar as regras gramaticais de uma língua, e o saber metalinguístico, ou seja, o saber sobre a linguagem, como o saber classificar, numa língua, as classes de palavras ou as funções sintáticas.

Bem mais fácil do que o português, há os que assim propugnam, seria o inglês, com uma gramática simples, com bem menos flexões, afirmação também de todo insustentável. Com efeito, não há línguas complexas e línguas simples. As distinções entre elas são culturais, como objetos históricos diferentes. Pode-se apenas dizer que a língua mais acessível para um falante será sempre aquela com que esteja mais em contato, através de uma prática constante. Para um argentino ou um uruguaio, a língua mais fácil só pode ser o espanhol, em uma de suas variedades, independentemente de suas características estruturais.

O não domínio da variedade de prestígio, prestígio sociocultural, insista-se, se deve a fatores, pois, externos a esta variedade, e não às peculiaridades linguísticas dela. Pesam mesmo fatores como a vida escolar do usuário (se recebeu, por exemplo, ou não, um ensino que priorize as práticas da leitura e da produção textual) e sua vida social, com um contato mais ou menos assíduo com tal variedade.

Na comunidade linguística brasileira, não são raras também as opiniões de que a língua portuguesa (uma atitude a mais a ser combatida), tal qual é falada atualmente, e mesmo escrita, está em processo de franca decadência, a ponto de mesmo pessoas letradas empregarem formas e construções não abonadas pela tradição gramatical, que se assenta, fundamentalmente, nas obras dos autores portugueses e brasileiros consagrados, até meados do século passado.

No fundo, neste caso, está a dificuldade de aceitação das mudanças linguísticas, vale dizer, do afastamento de uma época idealizada como detentora da prática do "melhor português", ignorada a realidade irrefutável que todo objeto histórico, situado no tempo, como as línguas, está sujeito sempre a mudanças, no curso temporal. Tradição e mudança convivem, assim, numa língua, em qualquer momento do seu processo histórico. Não faz sentido, pois, perguntar por que uma língua muda, fato atestado no agir linguístico de uma comunidade, mas, sim, como ela muda. Muda porque não pode deixar de mudar, como todo objeto histórico (a arte, a alimentação...)

Parece, no entanto, mais comum, mesmo entre pessoas escolarizadas, pensar, num posicionamento anticientífico, em uma língua estática, com um repertório de palavras já completo e com suas regras fonológicas e morfossintáticas já fixadas. O linguista romeno Eugenio Coseriu, em passagens de sua obra, chega a afirmar que uma língua nunca está pronta: ela é sempre algo por refazer. Em suma, língua é tradição e mudança.

Por desconhecer o papel fundamental do linguista é que a ciência da linguagem chega a ser até considerada com desconfiança, descrédito mesmo, pela sociedade leiga, e até por boa parte do magistério de nossa língua, por não desmerecer o falar "errado" das pessoas, propiciando assim, segundo se proclama com frequência, um verdadeiro caos linguístico, só porque ela não opera com o certo e o errado, aviltando, ou pondo em perigo, a vernaculidade da "Última flor do Lácio".

A verdade singela: não há variedade linguística que não se estruture por meio de regras (gramática) e de um léxico, constituindo, assim, uma norma, que pode ser, não importa, a de uso mais fortemente estigmatizada. Cabe ao linguista, se seu objeto de pesquisa for a descrição de uma norma que foge aos padrões da norma de prestígio, depreender suas regras e também falar da estigmatização que ela sofre.

O que predomina, ainda hoje, na sociedade leiga e no nosso ensino escolar, no que se refere à prática linguística, não se pode negar, é a condenação de uma concordância, de uma regência ou de uma colocação, por exemplo. Corrigir sem tréguas o erro e evitá-lo parece, ainda hoje, uma fixação.

Seria, no entanto, de inegável utilidade para o mundo social (o que dizer, então, para a formação e atuação dos professores de Português!) mostrar, em termos acessíveis, como fundamentos linguísticos (já se reportou ao fundamento da variação linguística) serão de grande valia, indispensáveis mesmo à compreensão ampla do fenômeno da linguagem.

1. Afinal, que faz o linguista?

Ao contrário, perde-se tempo, e tempo importante, descaracterizando-se uma ciência do alcance social da Linguística, mormente no meio educacional, com o ficar nomeando os linguistas como uns permissivos, a prestarem um desserviço aos jovens, por apregoarem que tudo pode no uso da língua, afirmação insustentável para quem se dedica ao estudo de uma ciência.

A Linguística só teria trazido, deste modo, confusão ao ensino do idioma, pode-se ouvir de muitos professores, responsável, a ciência!, segundo eles próprios, por se sentirem, de uns bons tempos até hoje, em estado de perplexidade ante o seu atuar pedagógico. Até se compreende bem a situação confessada de perplexidade de bom número de professores, mas a causa não está na ciência linguística evidentemente, e sim, salta aos olhos, na precária formação que recebem muitos e muitos alunos dos nossos Cursos de Letras.

O problema, pois, está em entender realmente o que é a Linguística, e, no caso, alcançar também um preparo pedagógico para a aplicabilidade dos seus pressupostos teóricos à aprendizagem idiomática, para dela poder se valer adequadamente, com vista a uma orientação de ensino de fato eficaz, produtiva, no ensino do Português.

Não é de se estranhar, pois, a realidade, fixada por uma longa tradição, que o ensino da língua se assente ainda fundamentalmente numa gramática normativa mal entendida, na base apenas do erro e do acerto, embora tão combatida esta orientação, há décadas, por tantos que se dedicam aos problemas de educação linguística, sem mesmo assumirem os docentes uma posição crítica bem fundamentada no tocante a ela, o que evidencia carências trazidas de seus cursos de licenciatura.

Na verdade, ensina-se Linguística em alguns semestres nestes cursos, a Linguística pela Linguística, sem quase nenhuma preocupação mais sistemática com o ensino da língua. Ao partirem para sua atividade docente, não resta aos licenciados, muitas vezes, senão a combatida gramática normativa. Importa, então, considerar esta gramática e seu ensino de forma esclarecida, para que sua ação não seja prejudicial à educação linguística dos alunos, que visa à formação de leitores e de produtores textuais proficientes, na verdade, o objetivo fundamental do ensino da língua. "Não se trata de confrontar um 'português certo' e um 'português errado', definidos ambos em termos absolutos, independentemente do contexto situacional e social. Trata-se, antes, de defender a ideia de que a cada situação corresponde uma variedade distinta da língua." (Perini, 1995:33-34)

De modo que, enquanto a gramática normativa se propuser a descrever certa variedade da língua, que goza, é inegável, de um maior prestígio social, por isso utilizada nas comunicações das instâncias públicas – variedade das leis e atos do Governo, dos tratados científicos, das conferências, dos editoriais de jornais de circulação nacional, de parte da produção literária... –, ela tem, evidentemente, uma importante função, sistematizando uma norma, cujo domínio é de óbvio valor para que o usuário da língua não se sinta excluído de uma participação mais ampla e atuante na sociedade em que vive, com vista a sua desejada ascensão social e cultural.

O ensino normativo deve ser entendido sempre como o ensino dessa variedade de maior prestígio social ante as demais variedades, sem fomentar, contudo, como se flagra ainda com frequência no mundo escolar, a ideia, de todo radical e, por isso, equivocada, de que qualquer texto que contém construções não pertencentes a esta norma é um mau texto, com "erros" que revelam, deste modo, um "mau português", como também se um ou outro "erro" anulasse todo o conhecimento que o seu autor revela da língua, e não apenas o gramatical, mas também o lexical, por exemplo. Quantas pessoas, sabidamente com bom domínio da variedade culta, ao falarem em público, em situação de monitoramento, escorregam numa concordância ou numa flexão verbal.

Como exigir de um falante iletrado o domínio da variedade mais prestigiada? Ele só pode se valer de outra variedade, a do seu meio social, com outra gramática e outro vocabulário. Esta variedade é também pertença do sistema linguístico do português, adotada por milhões de brasileiros, que não podem ter sua fala julgada como "errada" todo o tempo, nem podem ser, por isso, estigmatizados. Uma comunidade tão ampla e diversificada, como a brasileira, comporta enormes distinções geográficas e de nível social, com inevitáveis reflexos no uso da língua.

Poderia ser diferente? O preconceito linguístico, ou seja, preconceito social, é ainda quase sempre forte, na verdade, preconceito contra o indivíduo, contra uma marca essencial de sua identidade. Todo linguista evidentemente entende a preocupação do professor de Português (que deve ser a do professor de qualquer disciplina, enfatize-se) de querer que seus alunos venham a dominar a norma prestigiada da língua.

Com o que ele não concorda, no entanto, é que, para chegar a tal domínio, se adote um caminho, uma orientação linguístico-pedagógica de anular os sujeitos-discentes, pela destruição de sua linguagem, a de que eles se utilizam ao chegar à escola, para adotar, quase num passe de mágica, a linguagem que a escola quer impor, e logo no início do processo pedagógico.

Há que respeitar sempre a linguagem do aluno e o seu mundo, caso contrário, avilta-se a educação. Bate-se, pois, a Linguística, sem deixar de valorizar jamais o domínio da norma prestigiada, contra uma visão monolítica da língua, propiciadora de preconceitos linguísticos, muito fortes entre nós: "é abrindo-lhe [ao aluno] o espaço fechado da escola, para que nele ele possa dizer a sua palavra, o seu mundo, que mais facilmente se poderá percorrer o caminho" (Geraldi, 1997:130), para, no nosso caso, a aquisição gradativa da variedade cuja utilização o identificará, então, como um falante culto. Um ensino bem-orientado no que concerne à variação linguística não pode deixar de considerar a importância do domínio e, pois, do estudo escolar da norma culta.

"Código de impedimentos" ou "obsessão do erro" não são positivamente caminhos recomendáveis em qualquer processo educacional e, portanto, no processo da educação linguística. A ciência da linguagem só poderia se opor a eles. Afinal, a língua não é um catálogo. Na verdade, que impedimentos ou erros são estes? Apenas maneiras distintas de dizer, de se expressar na língua, por pessoas de outros níveis socioculturais, em graus distintos, com menor escolaridade, ou mesmo por pessoas letradas, em situações informais ou em instâncias não públicas.

Para a Linguística, são formas legítimas do português, pois são de emprego concreto: *nós vai, a gente vamos, a gente vai, (nós) vamos*. Não se pense que o linguista, que não opera com o certo e o errado, se atenha, no entanto, à mera constatação da coexistência dessas formas. Ele pode e deve ir adiante, levando em conta quem utilizou cada uma dessas estruturas e, se for o caso, quando as utilizou. Poderá registrar ainda a censura que as duas primeiras formas sofrem, com frequência, na avaliação de pessoas letradas, que consideram estas formas sempre incorretas ou, pior, inexistentes.

As construções "Sempre o admirei muito" e "Sempre lhe admirei muito" são reais, já que ocorrem na utilização da língua. Cabe ao linguista documentar se pessoas do mesmo nível social as empregam indiferentemente ou se, é o caso, uma delas, a segunda, apresenta uma frequência de uso maior em certos contextos: na modalidade oral em textos de estilo informal, e também na escrita. Pode ainda informar que o uso do *lhe* como complemento do verbo "admirar" não causa o mesmo grau de forte censura que "A gente vamos".

Mais ainda: atento o linguista a uma incidência crescente do *lhe*, em lugar do *o(a)*, com verbos transitivos diretos na fala de pessoas letradas, cabe a ele tentar uma explicação para tal fato; possivelmente, a ordenação estrutural do *lhe*, em face do *me* e do *te*, eliminando, assim, na terceira pessoa, a distinção entre *o* e *lhe*, cabendo ao *lhe*, como ao *me* e *te*, exercer as funções de objeto direto e indireto. O gramático normativo se atém apenas a dizer que o "certo", na variedade que intenta sistematizar, é a primeira das estruturas, sem considerar, em geral, o que está, na realidade, ocorrendo no funcionamento atual do português, especialmente o falado.

Vê-se, assim, que o normativismo pode ser nocivo quando, redutoramente, identifica a língua com a sua variedade prestigiada ou quando prioriza uma orientação proscritiva, a do "código de impedimentos". Enfatize-se, uma vez mais, que o linguista, que não pode deixar de reconhecer o fenômeno essencial da variação linguística, sabe também que o gramático normativo e o professor de Português têm como função pedagógica fundamental levar o alunado, gradativamente, ao domínio da variedade culta, podendo-se valer – eis um bom caminho –, em muitas ocorrências, do cotejo de variedades, maneiras distintas de dizer ou traduzir um mesmo pensamento, assegurando ao discente que ainda não se expressa, em muitas construções, por meio da norma culta que ele "sabe" sim português e que ter o domínio de tal norma (com a ampliação de sua competência linguística) é questão de tempo, a depender, como já se esclareceu, do ensino da língua que receber e da sua vida social, fora do espaço da escola.

Dar ao aluno tal consciência lhe será de muito mais valia do que a adoção de rígido ensino normativo na base do certo e do errado. Uma de nossas inúmeras comunidades, em que só vivam, admitamos, pessoas de baixo nível de escolaridade, será então um aglomerado de falantes em que todos se expressem errado, não sabendo português? Que língua então falam?

Na verdade, não têm como se expressar com os recursos da norma prestigiada, por isso sofrem, com frequência, descabidos preconceitos, quando vivenciam certas situações sociais fora de sua comunidade, por continuarem adotando o seu dialeto social. Falhando estão os governos, o sistema educacional, a formação e condições de trabalho dos professores, em meio às enormes desigualdades por este país afora, fator importante para a manutenção de constantes e diversas discriminações sociais.

Absurda então a posição da escola que passe para seus alunos o sentimento de inferioridade linguística, social, pois. Seu papel não é difundir preconceitos, absurdo dos absurdos, mas mostrar, no caso da linguagem, o quanto seus alunos, alcançada a prática da norma culta, serão beneficiados, por poderem ascender social e culturalmente.

Em conclusão: a Linguística não pode ser nociva ao ensino do vernáculo, pela fundamentação, imprescindível, que traz ao estudo de qualquer língua. Tem, pois, uma função bem distinta da gramática normativa, uma disciplina didática, por excelência, voltada para a prática de certa variedade do idioma, cujos compêndios são consultados com certa constância pela sociedade – como um dicionário para o léxico –, gozando, assim, de prestígio social, pelo seu propósito de documentar e firmar o uso de construções próprias de uma conduta linguística tida como prestigiante, particularmente para o uso escrito e oral da linguagem, em instâncias públicas.

Já faz parte da fundamentação linguística não aceitar a afirmação de que um brasileiro não sabe português, posição defendida por normativistas radicais, quando ele não pauta a sua atividade linguística pela variedade de maior aceitação social. Na realidade, fala apenas de outra maneira, estigmatizada ou não. Deixar de reconhecer tal verdade é afastar-se do campo científico.

Afinal, o que faz o linguista? – a indagação de que se partiu ao se começar este capítulo – tem sua primeira resposta na afirmação inicial, essencial, de que ele faz ciência, tendo como objeto de pesquisa e estudo a linguagem verbal, em todas as suas mais variadas manifestações. Interessa-se, assim, o linguista pela fala e pela escrita, pelo estudo da estrutura e do funcionamento de qualquer língua (desde o sânscrito, o grego e o latim, até as línguas indígenas desaparecidas ou ainda faladas), e pelas suas mudanças na passagem do tempo, pelos textos arcaicos até os contemporâneos de qualquer língua, inclusive, de uns tempos para cá, pelos transmitidos via internet, pelas conversas (diálogos), pelos poemas de improviso, pelas linguagens especiais, como as gírias e as linguagens técnicas, por textos de não importa que extensão, desde o constituído por uma simples interjeição até o que constrói um romance... Em qualquer mensagem, manifestada por qualquer língua e por qualquer meio, pode haver um linguista interessado em seu estudo. Vem-me à memória uma frase conhecida de Roman Jakobson, calcada numa frase do comediógrafo latino Terêncio: "Linguista sum: linguistici nihil a me alienum puto." ("Sou linguista: julgo que nada do que é linguístico me é estranho.")

Cada língua tem seus elementos e recursos idênticos (unidades como os fonemas e os morfemas, disposição dos termos nos enunciados, esquemas entonacionais...) e distintos, nos vários planos comuns (fônico, sintático, semântico, textual) a qualquer uma, possuindo cada um desses planos um papel imprescindível para dar aos enunciados o seu sentido. Assim, toda língua tem o seu próprio inventário de fonemas e de morfemas, de estruturas frasais, de significados, além das condições concretas de uso, cuja apreensão é necessária para o entendimento verbal, como a acepção de uma palavra, por exemplo, em dado contexto, além, naturalmente, dos complexos mecanismos responsáveis pela organização dos discursos nela produzidos.

Um professor de Português não pode prescindir de fundamentação linguística. Não se vai contra uma ciência, mas se pode e se deve ir, evidentemente, contra o como uma ciência está sendo pouco ou mesmo mal utilizada em suas aplicações, como a Linguística em relação ao ensino – em nossos Cursos de Letras, salientemos, dentro, evidentemente, de um panorama geral. Como um profissional, o professor de Português, um bom número deles, carece, não há como deixar de reconhecer, ter conhecimentos consistentes e sedimentados sobre a estrutura e o funcionamento da língua, e mais, como se valer de tais conhecimentos na sua prática didática, para bem conduzir o ensino do seu objeto.

Portanto, por ser uma ciência, a Linguística tem seus fundamentos, como os da variação e da mudança, aos quais já nos referimos e sobre os quais iremos desenvolver mais adiante, e vários outros, que serão focalizados no correr desta obra, proporcionando uma visão abrangente, embora não verticalizada, do que faz o linguista, por se tratar de uma iniciação à ciência linguística. Qualquer afirmação, análise ou classificação a propósito de uma ocorrência linguística tem de ter a sua fundamentação, para não prevalecer uma explicação que não se assente num conhecimento desprovido de verdade científica.

Assim, afirmar que construções como "Quando eu o ver" ou "Ele interviu a tempo" não pertencem ao saber idiomático é não considerar o fundamento essencial da variação linguística; como da mesma maneira afirmar que estruturas do tipo "Este livro é pra mim ler" são inaceitáveis porque o pronome *mim* não pode ser sujeito é sobrepor uma classificação gramatical (o pronome em questão é oblíquo) a uma ocorrência frequente na fala, embora estigmatizada, em geral, pelas pessoas letradas, já que ainda não adotada por boa parte dos falantes cultos.

O árbitro é sempre sua excelência o uso, pesando, em certos casos porém, também o sentimento de muitas pessoas cultas de rejeição ainda a formas e construções de atualização mais frequentes na fala, como a próclise em início de período em diversificados textos veiculados pela imprensa. A presença, num texto escrito ou oral, de qualquer forma requer a análise desta como se apresenta, não se ficando impedido de aludir à sua mencionada estigmatização. Não se pode é, em nome de uma teoria gramatical, fundada numa variedade da língua, condenar uma ocorrência idiomática.

Claro que se exige do professor, antes de mais nada, uma prática linguística eficiente (leitura e produção textual), com um amplo domínio dos mais diversificados recursos idiomáticos, como um modelo vivo, pois, de desempenho linguístico perante seus alunos, para não se tornar um mero teórico com apresentação de novos conceitos, com insistência maior no domínio de uma metalinguagem que, por si mesma, nada contribui para levar os alunos a se tornarem leitores e produtores textuais mais eficazes, que é o que mais importa, vale dizer, para serem cidadãos aptos a

1. Afinal, que faz o linguista?

se expressarem adequadamente, falando ou escrevendo, em diversas situações e gêneros discursivos.

Um professor de Português, quando militante nos níveis fundamental e médio do sistema escolar, não é um linguista. O estudo científico da linguagem, porém, não pode deixar de estar presente na sala de aula, através do conhecimento interiorizado do docente, mas não em análises controvertidas mesmo entre os estudiosos, fornecidas por distintas correntes, nem no recurso constante aos termos técnicos, sobretudo aos que não frequentam os manuais didáticos.

Será, assim, por meio de conceitos e pressupostos essenciais da Linguística que serão focalizados, embora sumariamente, no correr deste livro, que o alunado, com a fundamentação que for assimilando, virá a entender, por exemplo, o que é mesmo uma língua (longe de ser um inventário), para que ela serve (suas funções), quais recursos dominar na construção textual, a importância da variedade que toda língua comporta, de acordo com os quatro fatores presentes no ato da fala (o falante, o destinatário, o objeto e a situação), a valia do entendimento do processo da mudança; em suma, um conjunto básico de imprescindíveis noções que, se apresentadas com bom senso pedagógico, serão de inegável utilidade na produção e na leitura consciente da construção textual, e mesmo na compreensão segura do complexo fenômeno da linguagem, noção que todo estudante deveria já dominar ao concluir o ensino fundamental.

Na verdade, o que importa mesmo para o usuário da língua é ter a competência para dela saber se utilizar, falando, escrevendo, ouvindo ou lendo. Para tal, o exercício da e com a linguagem, que é uma atividade, deve ser uma constante para alunos e usuários de uma língua.

Veremos mais adiante que o usuário para falar uma língua vai necessitar bem mais do que o domínio dela (saber idiomático) e que este longe está de se restringir ao saber gramatical. A fundamentação linguística, com muitíssimo mais proveito do que a herança dos estudos gramaticais transmitiu, proporcionará gradativamente, se apresentada com segurança (um conceito que seja) e com senso pedagógico (qual a valia de tal conceito?), uma visão mais compreensiva do texto produzido ou lido.

A herança gramatical, de origem greco-latina, se apresenta atomista, ou seja, procede à análise dos elementos idiomáticos isoladamente, além de se cingir ao estudo do período, ficando, pois, de fora do seu escopo as relações linguísticas interfrasais, com o que o ensino e a análise da construção textual ficam impossibilitados ou limitados a observações fortuitas.

O grande linguista romeno Eugenio Coseriu, falecido no início do atual século, deixa clara a distinção entre o saber do linguista e o saber do falante (Coseriu, 1993:29):

> A Linguística, em seu sentido mais autêntico, não é senão trasladar ao plano da reflexão e do conhecimento justificado aquilo que os falantes já sabem de algum modo enquanto falantes dessa atividade que é a linguagem. Não quer isto dizer que haja identidade entre o falante e o linguista. O que importa é que o linguista não fale de outra coisa, de coisa diferente do saber do falante [...] A base de referência constante do linguista deve ser precisamente o falante, o

que o falante sabe, e as atitudes efetivas do falante diante da linguagem.

Corroborando Coseriu: não correr o risco de confundir o que é apenas fruto da razão [o estudo científico] com o funcionamento efetivo do objeto na realidade [a atividade concreta manifestada pelo falante]. (Bittencourt, 2006:89)

Em suma, a linguagem é uma atividade em que o falante se vale de um saber interiorizado que ele, desde criança, vai acumulando gradativa e continuamente com o passar do tempo, sem cessar nunca, não só, pois, no período escolar. Já a Linguística é o estudo reflexivo, fundamentado, deste saber manifesto através dos atos de fala. Teoria por teoria não conduz a uma prática mais proficiente. Torna-se necessário que ela se apresente de real validade para a produção e o entendimento cabal de uma ocorrência linguística, desde uma simples manchete às urdiduras de extenso texto.

Consideremos um simples exemplo, para iniciar o nosso trajeto de mostrar como procede o linguista e a importância do que ele faz, com vista sobretudo à formação do professor de língua: "São os índios! Retumba o eco da bruta serra/Ao tropel... E o estridor da batalha reboa". (Bilac, 1921:231) A um aluno sem quase vivência de leitura, nenhuma de leitura poética, o comentário do professor pode se restringir, em certas situações pedagógicas, ao que seu aluno precisa para alcançar a compreensão do texto, como vir a conhecer o léxico de nível erudito dos versos citados. Pode, dissemos, se restringir. A outro aluno, com alguma experiência de leitura de poemas, costuma já ocorrer, por parte dele, certo estranhamento (encantamento!) pela sonoridade dos dois versos.

O professor deve então recorrer, respaldado em fundamentos linguísticos outros, a comentário mais elaborado, convincente, com vista a uma percepção mais refinada da construção textual: a combinação de oclusivas e vibrantes manifestam expressivamente os ruídos, os clamores, de guerreiros em luta.

Sem se valer de metalinguagem: falar apenas na combinação de sons fortes, explosivos, a traduzirem ruídos. Não se está negando o valor terminológico, no caso dos fonemas, mas não é o mais importante para a associação expressiva entre as duas faces do signo linguístico nos versos bilaquianos. Assim, a simples classificação memorizada dos fonemas será de pouca serventia. No correr das páginas deste livro, muitos exemplos como este, extraídos de instâncias linguísticas diversas, envolvendo elementos e procedimentos linguísticos bem distintos, serão apresentados de acordo com o tópico focalizado.

Há, na bibliografia linguística brasileira, um ensaio sugestivo de Câmara, o iniciador da Linguística contemporânea entre nós, publicado primeiro numa miscelânea na Alemanha, em 1957, e depois incluído nos *Dispersos* do linguista (Uchôa, 2004:87-95), que, pioneiramente para a época, deixa bem nítidos os papéis distintos desempenhados pelo professor de Português e pelo linguista.

Neste ensaio, Câmara procede a um estudo dos "erros" linguísticos cometidos por 62 alunos de onze a treze anos de idade no então exame de admissão à escola secundária (ginásio). Os estudantes são todos da classe alta da Zona Sul do Rio, onde o linguista brasileiro lecionou, como professor de Português, em vários colégios, até fase avançada de sua vida. Nesta pesquisa, são apresentados e discutidos treze traços fonéticos, três morfológicos e quatro sintáticos, com base em ocorrências do ditado e das redações avaliadas.

Observe-se que, como examinador, Câmara não podia deixar de destacar os erros mais frequentes e constantemente repetidos pelos alunos, no ditado e na descrição cobrada de uma gravura, ou seja, aquelas ocorrências linguísticas que não estavam de acordo com a língua culta, exigida nesta situação e sistematizada pelas gramáticas da época. A avaliação, evidentemente, tinha de levar em conta tais ocorrências linguísticas, para efeito de aprovação e classificação dos candidatos.

Cumprida a etapa de avaliação, o linguista se interessa por analisar e explicar o porquê dos "erros". Por que ocorreriam e se repetiriam? Nos seus comentários sobre a exemplificação concreta dos erros, Câmara procura interpretá-los como índice de tendências linguísticas da língua coloquial culta, que nessas crianças está sedimentada como linguagem "transmitida" no meio familiar.

Assim, na fonética, a grafia "acustumado", na redação, e "sintiu-se", no ditado, encontra sua justificativa na anulação da oposição entre [o] e [u] e entre [e] e [i], em sílaba pretônica, com a realização de [u] e [i], respectivamente. Na morfologia, a ocorrência de "se ele passa-se" se deve à incompreensão da estrutura desta forma verbal, cuja flexão é destacada por um hífen. Por fim, na sintaxe, observam-se exemplos como "Foi ao pasto que ali encontrou uma vaca", que atesta a tendência a fazer da partícula *que* um conectivo geral, até equivalente a *e*.

O professor de Português não tem, já foi dito, obviamente de ser um linguista. Como professor, deve estar sempre atento ao desempenho verbal de seus alunos, escrevendo, lendo, falando. Mas necessita de ter interiorizada uma consistente formação linguística, para não se ater aos "erros" de seus alunos, corrigindo-os sem se indagar ou procurar encontrar uma explicação para a incidência deles, tornando-se, assim, apto a orientar um ensino certamente eficiente, recorrendo, por exemplo, ao confronto das modalidades escrita e oral, o que o levará a adotar atitudes compreensivas ante a produção escrita dos estudantes, o que não significa desconsiderar o não domínio da língua culta por parte deles.

Câmara, professor de Português e linguista, nos elucida, com este ensaio, o papel do professor de língua, voltado essencialmente para o desenvolvimento da utilização do idioma de seus alunos (com o esperado domínio gradativo da norma mais prestigiada da sociedade), e a importância da formação linguística dele na condução de um ensino eficiente da língua, sem que seja, naturalmente, um linguista, mas não ignorando o papel deste, cujo escopo, enfatize-se, é bem outro: analisar, explicar, para ele professor, antes de mais nada, o que se escreve e o que se fala, nas múltiplas intercorrências da vida social.

2. Para que serve a linguagem?

A linguagem é uma atividade tão trivial, que se torna comparável ao andar, por exemplo. A maioria das pessoas, pertencentes a culturas bem diferentes, sabe da real importância da linguagem para a vida de todos nós. Pelo menos, da necessidade de sua prática para conversarmos, para lermos e escrevermos; mesmo aqueles que não têm acesso à escrita, longe de serem poucos, espalhados pelo nosso universo humano, têm, no entanto, esta noção. Mas a maior parte dos indivíduos de qualquer comunidade, que fala uma dada língua, ainda que dotados de certo nível cultural, não tem um alcance maior da transcendência da linguagem verbal para a vida de todos nós.

Prevalece, em geral, a noção limitada, embora essencial, da linguagem verbal como o principal modo de comunicação. "Quem não se comunica, se trumbica", um refrão utilizado pelo famoso homem de rádio e de TV, o Chacrinha, significava precisamente isto e apenas isto: aquele que não se faz entender, por se valer de expressão verbal a que falte clareza ou adequação a uma situação concreta, fica prejudicado em seu intento de transmitir algo a alguém.

A Linguística, porém, com sua fundamentação científica, nos ensina que a linguagem verbal, atividade livre, por isso mesmo criativa, não é meramente um modo de realização, o principal, de os indivíduos se comunicarem. Ela é também – e a compreensão desta verdade é essencial para se alcançar a plena importância da linguagem articulada – forma de conhecer, ou seja, de o sujeito pensante apreender os objetos (no seu sentido filosófico de tudo o que é passível de conhecimento), que, a rigor, só ganham existência para os homens quando recebem um nome.

A função para que as palavras foram inventadas é de uma transbordante beleza: nada menos que nomear o mundo. Uma criança entra no mundo por elas. Quando uma pergunta "que é isso?" (é a pergunta da filosofia), respondemos com o nome da coisa. Depois ela irá saber que coisa é esse nome. Nomes são as coisas que sabemos.

Logo, a linguagem tem duas funções essenciais, sendo, pois, reiterando, uma atividade livre finalística: uma forma de conhecer (função interna ou cognoscitiva) e um modo de realização (função externa ou manifestativa, ou comunicativa).

Na verdade, é enquanto forma de conhecer que a atividade verbal vai dando sentido ao mundo para nós. Temos de distinguir claramente o mundo das coisas do mundo das palavras. Estas não podem ser tomadas como simples etiquetas daquelas, à maneira de uma mera nomenclatura já pronta que se vai aplicando às coisas, pois a linguagem não é mero decalque da realidade, porém uma atividade simbólica, em que conceitos, ou esquemas cognitivos, é que se ligam e representam as coisas, e eles vão ordenando o mundo de uma maneira singular, conforme a língua.

Lembremo-nos das unidades linguísticas conhecidas como palavras, que constituem o léxico de uma língua, para ficar nítida esta ideia de "ordenação do mundo", ou seja, essa relação entre esquemas cognitivos que uma comunidade constrói das coisas e as palavras que a língua dispõe para expressar tais esquemas. No léxico, as palavras podem se relacionar através de um traço ou matiz significativo comum, constituindo o que os linguistas denominam de campos semânticos: por exemplo, os pertinentes aos nomes de parentesco, das cores, da flora, da fauna..., em suma, agrupamentos linguísticos que as coisas, por si sós, evidentemente, não teriam como constituir.

Assim, num tabuleiro em que aparecem vários tipos de frutas, só por meio do conhecimento do nome "fruta" e dos nomes das espécies presentes, portanto, por meio do conhecimento linguístico, é que podemos dizer que estas coisas do mundo exterior passam a significar algo para as pessoas, existindo, por isso, para elas. Sem serem as coisas nomeadas, isto é, sem a mediação da linguagem, veríamos apenas um mero conjunto de coisas no tabuleiro.

Tornemos bem clara a função cognoscitiva fundamental da linguagem através de outros exemplos. Enfatizamos que é por ela que compreendemos o mundo. De sorte que sem linguagem, sem palavras, sentimo-nos fora do mundo. Num florista, se há algumas flores que não sabemos nomear, na verdade, não conhecemos tais flores. Se não dominamos os termos mais utilizados na política, não estamos em condições de entendê-la e, assim, de nos posicionar perante os debates frequentes acerca dela.

Não é difícil concluir que cada língua, como objeto cultural que é, vai ordenando ou simbolizando o mundo de maneira diversa das demais, criando um cosmo que traduz uma visão singular, própria, da realidade em que vivem os seres de certa comunidade. Escapa, em geral, aos falantes esta percepção ou compreensão tão essencial. O que predomina parece ser mesmo a noção de as palavras ligadas às coisas.

O confronto entre unidades lexicais de duas línguas facilita ainda mais a apreensão desta noção predominante ser de todo insustentável. A literatura linguística nos mostra que há línguas que têm, no campo semântico das cores, apenas dois nomes: o que simboliza as cores interpretadas como claras e outro, as cores interpretadas como escuras. O que existe, então, para os falantes dessas línguas são cores claras e cores escuras, pois só para elas há a presença do conhecimento linguístico, ou seja, as duas palavras. A realidade para o português, sabemos, é bem distinta, contando a língua com inúmeros nomes referentes às cores, traduzindo um conhecimento bem diversificado, especificado mesmo, das cores. Eis um problema, entre tantos outros, com que se defronta a tradução. De sorte que a função cognoscitiva, no que tange à apreensão das cores, se processa, nos dois exemplos mencionados, bem distintamente, caindo por terra que possa haver uma ligação direta entre coisas e palavras.

Então, o professor de Português não pode descurar-se desta função essencial da linguagem, a função cognoscitiva. O professor de não importa que disciplina, aliás,

2. Para que serve a linguagem?

deve estar também atento a ela. Na verdade, saber lidar com números e fórmulas ainda não é saber matemática ou física, como saber datas e fatos ainda não é saber história, já que só é conhecimento humano, no seu sentido pleno, o que se realiza através da linguagem. (Carvalho, 1969, v. 1:214-215)

No ensino, a prática constante da leitura orientada de textos de diversos temas e igualmente o incentivo à participação em eventos culturais irão propiciando aos alunos a aquisição de um saber linguístico, formas e esquemas formais, que lhes permitirão a participação na atividade linguística com os outros, mas também, simultaneamente, a aquisição de um saber sobre a realidade, mundo exterior que os cincunda e o próprio mundo interior de cada um.

A ampliação gradativa do conhecimento do mundo, a fim de tornar os alunos bem informados, parece o caminho mais indicado para que eles tenham, além do domínio de técnica linguística já mais apurada, o que falar, quando solicitados na escola e fora dela, sobre temas diversos, tornando-se capazes de estruturar textos reveladores, pelo menos, de algum conhecimento sobre o tema escolhido para se manifestarem.

A outra função essencial da linguagem, como vimos, é a função externa ou comunicativa (manifestativa). Se, pela função interna ou cognoscitiva, o ser humano, ser pensante, vai conhecendo, pela mediação da linguagem, as coisas do mundo, que ganham significação, transformando, deste modo, o caos em cosmo, pela função externa ou comunicativa, ao estabelecer um vínculo com outrem, o homem ganha a sua condição de ser social, apto a participar de uma comunidade. Este estabelecimento de vínculos entre pessoas é a base da comunicação, daí o caráter essencialmente dialógico do falar. Mais correntemente, pois, comunicar significa "transmitir", "dar a outro", "transferir para a posse de outro aquilo que desde agora passa a ser comum", uma condição e o resultado de se constituírem comunidades, que são essencialmente comunidades linguísticas. (Carvalho, 1970, v. 1:24)

Por estas duas funções essenciais, como forma de conhecer o mundo e como principal meio de interagir com o outro, a linguagem não se reduz à sua condição de objeto social, como em geral é apontada, para se constituir no componente essencial da natureza humana.

Na função comunicativa, na interação entre falantes, usamos a linguagem verbal a serviço de diferentes conteúdos manifestativos, que são, em geral, considerados também como funções da linguagem, embora não sejam as essenciais. Sem as funções cognoscitiva e comunicativa, não seria possível evidentemente manifestar qualquer conteúdo.

A primeira destas outras funções (explicitadas por Jakobson, 1969, que as relaciona com os seis fatores básicos de ato verbal) é a informativa (ou referencial), com um pendor para o conteúdo referencial:

> Os 50 anos do romance "A paixão segundo GH", de Clarice Lispector (1920-1977), serão celebrados com uma leitura integral dramatizada do livro. Será na terça, dia 9, das 14 às 22h, no Espaço Sesc, em Copacabana. (*O Globo*, 3 de dezembro de 2014, Segundo Caderno, 4)

2. Para que serve a linguagem?

A função informativa da linguagem tem uma enorme importância para todo falante e para toda comunidade, para, respectivamente, o conhecimento do mundo e para a formação de um acervo cultural, sempre crescente, a ser transmitido à posteridade. Vivemos, cada vez mais, num universo de informações, de alcance muito variado, algumas de valor permanente ("Clarice Lispector é autora, entre outros romances, de *A paixão segundo GH*"), outras, de valor momentâneo, como a notícia que transcrevemos. Amplo o lastro cultural de um falante, mais participativa, opinativa e crítica será a sua atuação social na comunidade em que vive, capaz de pertencer a diversos grupos formados, cada um, na base de um interesse comum. No plano mesmo da linguagem, observe-se, no texto transcrito do jornal, o amplo predomínio do emprego de palavras de valor intelectivo.

A segunda destas funções da linguagem (como conteúdo manifestado) é a conativa ou apelativa, por meio da qual se intenta persuadir o outro a praticar certas ações, até mesmo a adotar uma corrente ideológica, através de ordens, pedidos, sugestões, chantagens... sempre num clima de envolvimento emocional maior ou menor. Logo, o seu pendor é para o destinatário. Desde um simples enunciado ordenativo, como em "Faça o exercício", ou sugestivo, a exemplo de "É bom que vocês façam o exercício", até os textos publicitários, com seus elaborados recursos expressivos, a serviço do intento de ganhar a simpatia do receptor, como no exemplo a seguir, estampado em jornais, no caso, da Nova CEDAE:

Não seja um Esbanja,
É mais legal ser um Manera.
Economize água.

Para persuadir os leitores a ficarem mais atentos com o consumo da água, vale-se o texto de uma exortação em linguagem bem coloquial, bem informal, mais próxima, assim, dos destinatários. Atente-se para as formas populares *Esbanja, legal, Manera,* e ainda para a expressividade da nominalização de *Esbanja* e *Manera,* com o propósito de que cada leitor venha a ser um poupador de água. E a própria configuração do enunciado, como se fosse uma estrofe, serve certamente para melhor se reter o valor enunciativo do texto publicitário.

A terceira destas funções da linguagem (como conteúdo manifestado) é a emotiva, por meio da qual o emissor manifesta a sua subjetividade, ou seja, o universo de seus sentimentos, do desespero à alegria, da revolta ao sucesso amoroso. Função, pois, com um pendor para o remetente. Seria o caso da situação em que um pai, percebendo a morte iminente do filho, exasperado, se interroga com toda a sua contundência e desespero: "Quanto não daria eu para morrer em lugar do meu filho?"

A quarta destas funções da linguagem (como conteúdo manifestado) é a fática, por meio da qual se criam e se mantêm laços sociais, com um pendor para o fator contato entre os interlocutores. Ocorre com frequência em situações corriqueiras da língua falada, como numa ligação telefônica: "Alô/Quem fala aqui é o Carlos/Que Carlos?/Seu colega de curso/Que curso?/O de inglês, na Tijuca/Ah, sei, o que

2. Para que serve a linguagem?

senta na primeira fila, perto da mesa do professor?/Este mesmo/Ah, sim, como vai?/Bem." Está criado o contato, o laço social. Nestes diálogos, os enunciados interrogativos, clicherizados, costumam ser frequentes, como no exemplo mencionado. Também estamos ante a função fática da linguagem naquelas situações sociais, como num almoço, em que ficamos lado a lado com alguém que não conhecemos; vamos, para assegurar algum laço de convivência, ou falando sobre assuntos como o tempo, que revelam a falta de convivência entre duas pessoas, ou vão os interlocutores tateando, com indagações tolas dirigidas ao outro, na tentativa de criar o contato possível.

A quinta destas funções da linguagem (como conteúdo manifestado) é a metalinguística, por meio da qual falamos sobre a própria linguagem, com um pendor então para o código verbal. Na verdade, a linguagem tem dois níveis: a linguagem-objeto, ou seja, que é passível de estudo de seus enunciados, de qualquer extensão, que nos dão a conhecer o mundo, "este vasto mundo". Assim, também, no enunciado "O presente livro procura compartilhar informações e a experiência do autor com jovens professores", a linguagem-objeto é a informação passada acerca de certo livro, de certo conhecimento, pois, sobre o mundo, através do conjunto das unidades linguísticas ali reunidas numa determinada ordem.

Quando contudo, se passa a analisar a própria linguagem, em suas unidades, em seus processos de formação e encadeamento destas, já entramos no terreno da metalinguagem. Em "livro é um substantivo", "presente é um adjetivo que vem antecedendo o substantivo", "informações e a experiência do autor com jovens professores constitui um objeto direto" são comentários (classificações) da própria linguagem, não mais estamos falando do mundo extralinguístico, mas do mundo intralinguístico.

Na fala do dia a dia, a função metalinguística se faz sempre presente, com observações ou avaliações sem um respaldo científico: "Como Marcos fala difícil!", "Manuel, ao falar, emprega muitos palavrões", "Não sei o que significa a palavra bizarro", "Ele fala como que cantando". A função metalinguística não se limita, pois, à utilização de uma linguagem técnica, já que podemos nos reportar ao agir linguístico através de termos da linguagem corrente. A metalinguagem se presta até a observações com expressões populares, como "Todo esse parangolé vernacular", a propósito das gírias cariocas ou "Firmino, Beleza e Responsa", exemplos colhidos numa crônica recente de Joaquim Ferreira dos Santos, sobre a gíria carioca de ontem e de hoje, na cidade do Rio Janeiro. Enfim, a gramática, entendida como a descrição de uma língua, terá sempre uma função metalinguística, o que se comentará mais detidamente adiante.

A sexta e última destas funções da linguagem (como conteúdo manifestado) é a poética, termo empregado e divulgado por Roman Jakobson, que visa sobretudo ao prazer estético, à sensibilidade, pois, à apreensão de novos sentidos.

Ao utilizarmos a linguagem para manifestar um dos conteúdos das cinco funções anteriormente mencionadas, estaremos dela nos valendo com um intento utilitário. Assim, ao dizer que um soneto é um tipo de poema estruturado em dois quartetos e dois tercetos, veicula-se uma informação;

2. Para que serve a linguagem?

já ao se falar "Feche a janela!", configura-se claramente um conteúdo que visa a influenciar o próximo, através de uma ordem; em "Que horror de filme!", a intenção do falante é exteriorizar um sentimento de dura crítica à película a que assistiu; em "Quem está falando?", estaremos testando o contato; por fim, em "Qual o objeto direto desta oração?", a função prevalente é testar o domínio do código com sua metalinguagem

Na função poética, no entanto, ao contrário das demais, o *como se diz* merece uma atenção especial, através de reiterados jogos expressivos com a camada fônica, mas também através do jogo com as palavras (disposição, polissemia, virtualidades semânticas...). "Poesia define-se, portanto, como operação combinatória de palavras e configuração de uma forma." (Correia, 2002:15) Ainda em Correia (2002:17), em outras palavras: "Estratégia: deter a percepção no signo linguístico, evitando o seu consumo automático. Duas táticas: o jogo com o significante (imagem acústica, componente sensível do signo); o jogo com o significado (conceito, componente nocional do signo). Significante e significado sendo indissociáveis – a exemplo das duas faces de uma folha de papel –, ambas as táticas conduzem ao objetivo do poeta: uma percepção nova da palavra, que lhe reinstaura a densidade semântica."

A função poética da linguagem requer, deste modo, um trabalho elaborado com o fazer verbal, já que o poético se situa no nível da própria linguagem, e não, redutoramente, no nível da emoção. Não basta, assim, um pai, ante a doença grave do filho, transbordar sua aflição com palavras e exclamações com forte carga emotiva, para se caracterizar tal enunciado com a prevalência da função poética. Portanto, a função poética da linguagem não pode ser reduzida ao *como se disse*, afirmação muitas vezes feita, mas que deve ser evitada. (Para um desenvolvimento acerca desta última observação: Coseriu, 2007:243-246.) Já Fagundes Varela, no seu conhecido poema "Cântico do Calvário", em que deplora a morte do filho, procede poeticamente, extravasando sua dor através de uma linguagem elaborada, com manifesta intenção estética, e uma forma especial (o poema). Consideremos apenas estes quatro versos: "Correi, correi, oh! lágrimas saudosas/ Legado acerbo da ventura extinta./Dúbios archotes que a tremer clareiam/A lousa fria de um sonhar que é morto!" (Varela, 1951:401)

Recursos poéticos podem ocorrer, por exemplo, na linguagem de propaganda, com o evidente intuito de seduzir mais eficazmente as pessoas para a compra de certo produto. Seria o caso de uma antiga marca de bronzeador, propagado através da frase "Escureça e apareça". Há, no exemplo, a rima, entre duas formas verbais contíguas e com o mesmo número de sílabas, como procedimento fônico mnemônico sugestivo, mas que só tem garantida sua expressividade, eis o ponto, porque, no âmbito conceitual, a coordenação dos verbos causa, em princípio, estranheza, pela antinomia deles – estranheza, um fenômeno muito caracterizador da linguagem poética. Aqui, pois, já há um trabalho com a linguagem, embora não se possa falar em função poética prevalente, que exige um mais apurado exercício com o fazer linguístico, a começar pela extensão do próprio enunciado, como portador de uma mensagem complexa, elaborada,

2. Para que serve a linguagem?

artística. Aqui, a rima não é uma solução para, sozinha, poder se falar em função poética.

Consideremos agora os três seguintes versos de Bilac (1921:135): "Mas lembro... Em sangue e fel, o coração me escorre;/Ranjo os dentes, remordo os punhos, rujo em fúria.../Odeio! Que fazer, para a vingança? – Morre!". Vale-se o poeta de verbos com [R] inicial para exprimir sentimentos bem fortes, de ódio, desespero mesmo. Semelhante repetição deste fonema careceria de expressividade, se não se reportasse a um conteúdo a sugerir o recurso utilizado.

Portanto, o *como se diz* é fundamental na caracterização da função poética, não se perdendo de vista, contudo, que significante e significado são indissociáveis para uma leitura especialmente expressiva do discurso poético, não se podendo ater apenas a um recurso da camada fônica.

O jogo na constituição do sentido das palavras, em certo contexto poético, pode dar a elas uma acepção nova, como atesta Drummond: "Ó palavras desmoralizadas, entretanto salvas, ditas de novo": salvar, desmoralizadas (palavras), evitando o seu consumo automático, o seu desgaste. (Correia, 2002:16-7) Assim, uma palavra corrente como "tristeza" ganha, nos seguintes versos de Raul de Leoni (1948:83), o sentido especial de algo quase concreto, de sorte que nela se "penduram" histórias fantasiosas: "Penduro na tristeza de meus lábios/coisas alegres que não são minhas".

Não se pode deixar de explicitar que, em todo ato linguístico, não há a ocorrência isolada de uma só das funções da linguagem, quanto à natureza dos conteúdos manifestados. O que se dá sempre é a prevalência de uma delas. Assim, uma frase interrogativa, proferida em tom ansioso, como em "Que estrondo foi este?", para um interlocutor que pode nada saber sobre o acontecido, tem valor predominantemente emotivo. No entanto, o enunciado não deixa de passar uma informação e não deixa de atuar, de algum modo, sobre o outro. Já em "Não me venha com suas grosserias", frase dita em tom severo, a função predominante é a apelativa, sem que a função informativa e a emotiva estejam ausentes. Daí Carvalho (1970, v. I :48-54) falar em "compresença das funções no acto de fala".

Pensando no ensino da língua, é sempre relevante lembrar que as funções da linguagem não constituem apenas um ponto do programa a ser focalizado, mas, como todos os postulados linguísticos consensuais que, quando bem sedimentados, respondem pela formação científica do professor de língua, devem ser elas permanentemente objeto de estudo, de reflexão, de análise acerca do funcionamento do idioma. Não basta outrossim, no caso das funções, meramente classificá-las com base neste ou naquele fragmento discursivo. Tal classificação deve ser sempre justificada com os recursos linguísticos utilizados a serviço de determinada função. A Linguística não pode ter o seu papel no ensino reduzido a trazer novas classificações no estudo da estrutura e funcionamento de qualquer língua. O que importa mesmo é levar os alunos a se conscientizarem, com fundamentação precisa, da organização e realização da língua.

Serve, pois, a linguagem para várias funções, a que poderíamos acrescentar outras, que preferimos, no entanto, comentar em outros pontos do livro. De qualquer modo, já ficou evidente que ela, pelas suas funções essenciais e pelos conteúdos de realização explicitados, acompanha o homem.

2. Para que serve a linguagem?

Sem ela, não se pode estruturar o mundo do trabalho, pois é ela que permite a cooperação entre os homens e a troca de informações e de experiências. Sem ela, o homem não pode conhecer-se nem conhecer o mundo. Sem ela, não se exerce a cidadania, porque os eleitores não podem influenciar o governo. Sem ela não se pode aprender, sem ela não se podem expressar os sentimentos, sem ela não se podem imaginar outras realidades, sem ela não se constroem as utopias e os sonhos. Sem ela... Sem ela... Sem ela... (Fiorin, 2013:32)

3. Que é ter competência linguística?

A competência linguística, o saber expressar-se verbalmente, falando ou escrevendo, não poderia deixar de ter merecido sempre, pelo seu interesse científico no campo da linguagem, a atenção dos linguistas, que têm construído, em épocas sucessivas, teorias diversas acerca deste saber prático universal e constante.

Na verdade, a competência linguística é um dos grandes objetos teóricos examinados pela ciência da linguagem. Eugenio Coseriu, em sua vasta e elucidativa obra sobre a linguagem, desenvolveu uma teoria de extrema relevância para uma compreensão abrangente deste objeto de estudo e também, ressalte-se, de não menor valia, se aplicada ao ensino de uma língua. O conjunto dos fundamentos de que se vale, e de que nos valeremos aqui, é exposto em vários pontos de sua profícua produção, coroando com o seu "Competencia lingüística. Elementos de la teoría del hablar." (1992)

Observe-se que ainda hoje o linguista romeno, que viveu a maior parte de sua vida na Alemanha (Universidade de Tübingen), é frequentemente identificado, como no Brasil, como um estruturalista, nas esteiras do ideário de Saussure. Embora parta de Saussure, a obra de Coseriu, que só de livros totaliza cerca de cinquenta, representa, na verdade, profunda ruptura no tocante às ideias centrais do mestre de Genebra.

A dicotomia *langue* e *parole* é substituída pela tricotomia língua (sistema), norma e fala; visa ele a uma linguística integral, com o reconhecimento de que a linguagem comporta três níveis ou planos, correspondentes à intuição dos falantes e todos três objeto de estudo da Linguística: o nível universal do falar em geral, o nível histórico das línguas e o nível individual do discurso, não se limitando assim ao nível histórico das línguas, como procedia o estruturalismo; por fim, Coseriu, diferentemente de Saussure, não concebe o fenômeno da linguagem que não parta da fala concreta, devendo-se sempre tomá-la como referência para a língua e para a linguagem.

Apenas por estes pontos, pode-se constatar que, se em uma ou outra obra, vamos encontrar um Coseriu ainda estruturalista, pelo conjunto dela longe está de ter sido um outro estruturalista. Comecemos então por explicar como objetivou a sua linguística integral.

No falante, em geral, e mesmo em não poucos professores de Português, prevalece a noção de que para se utilizar de uma língua só precisa conhecê-la. Mais precisamente: conhecer sua gramática e seu léxico. E pode-se limitar ainda mais: conhecer as regras gramaticais e o léxico da

3. Que é ter competência linguística?

variedade que goza de maior prestígio social. Sem deixar de se explicitar ainda que a metalinguagem, tal a ênfase que a ela é atribuída no nosso ensino, até hoje, não é certamente descartável na consideração do que é necessário para se falar a língua, numa confusão, sem dúvida elementar, entre linguagem e metalinguagem.

De modo que é bastante difundida, fora da escola e dentro dela, a compreensão de que, se não se adotar, ao se falar o português, a concordância nominal e verbal, por exemplo, o usuário não sabe português. Numa conversa que escutamos há poucos dias, ouvimos este comentário acerca de outra língua: "Coitado, teve uma vida dura em sua cidade natal, de modo que não conseguiu falar o italiano, se vale de um dialeto."

Sabe-se que, na Itália, a dialetação geográfica é expressiva, sujeita a muita discriminação. Logo, falar um dialeto seria não falar o italiano. Atesta-se aqui também a depreciação no emprego da palavra dialeto. Na verdade, todos nós, não importa em que país, falamos sempre através de um dialeto geográfico e social. Já será uma consideração de ordem social este ou aquele dialeto, de qualquer comunidade linguística, ser socialmente estigmatizado ou não.

Saber, pois, falar uma língua é saber, no caso, valer-se de qualquer uma de suas variedades. O português, como qualquer outra língua, é um conjunto de variedades (dialetos geográficos e sociais, e estilos ou registros), não podendo, pois, ser identificado apenas com a variedade culta.

Coseriu começa por sustentar que o saber falar, produzir mensagens, não é só saber a língua. Para ele, na competência linguística de que os falantes fazem uso, devem distinguir-se, considerada a linguagem no seu plano cultural, três níveis de saber, manifestados sempre em cada ato de fala: um nível universal, um nível histórico e um nível individual. Afinal, nos diz ele: "A linguagem é uma atividade humana *universal* que se realiza *individualmente*, mas sempre seguindo técnicas historicamente determinadas (*línguas*)". (1980:91)

O nível universal corresponde ao saber elocucional, ou competência linguística geral: é o saber falar em geral, o saber falar segundo os princípios que se aplicam normalmente a todas as línguas, independentemente de como estejam estruturadas. Falar, de acordo com os princípios universais do pensamento e com o conhecimento geral que os homens têm das coisas do mundo.

O nível histórico já corresponde ao saber idiomático, ou competência linguística particular: é o saber falar uma língua determinada, ter o domínio das regras gramaticais e do léxico que permitem a produção e a compreensão de textos nessa língua.

O nível individual, por fim, corresponde ao saber expressivo: é o saber estruturar ou construir textos em situações comunicativas determinadas, consoante os fatores gerais do falar: o falante, o destinatário, o objeto de que se fala e a situação.

Estes três níveis, além de serem interdependentes, coexistentes (a linguagem, nível universal, se realiza por meio das línguas, técnicas históricas, e estas por meio da fala individual), não deixam de se distinguir do ponto de vista prático. Assim, se ouvimos alguém falando uma língua que desconhecemos, podemos, por exemplo, apreender talvez certos aspectos da linguagem, como aspectos entoativos; se

3. Que é ter competência linguística?

já percebemos claramente a língua que se fala, há a identificação do nível histórico da linguagem, que pode até nos possibilitar, se desta língua tivermos algum conhecimento, distinguir, por exemplo, uma frase afirmativa de uma interrogativa, ou uma frase afirmativa de uma exclamativa; e se, por último, exclamamos que "É Teresa quem fala", eis-nos reconhecendo o nível individual da linguagem.

Estabelecidos os três níveis da linguagem, Coseriu procura mostrar, a seguir, que a avaliação e o julgamento sobre o falar dos outros são distintos em relação a cada um deles, o que frequentemente não é levado em conta na prática social e pedagógica. Vejamos.

A expressão linguística que está em conformidade com os princípios gerais do pensar e com o conhecimento geral do mundo (nível universal da linguagem) é, para o linguista romeno, congruente. Já a expressão linguística que está em consonância com uma tradição linguística, que não se desvia desta tradição (nível histórico da linguagem), se mostra correta. Por último, se a valorização diz respeito a um texto, se este responde às expectativas como texto (nível individual da linguagem), levadas em conta as normas próprias de cada ato de fala, diz-se que a expressão linguística por ele manifestada se apresenta como adequada.

Quando, mesmo os professores de Português e os professores em geral afirmam que seus alunos "escrevem mal", não costumam identificar o nível deste "escrever mal", não distinguindo, assim, problemas bem distintos de produção textual. A orientação que prevalece de longe no ensino é a de que os alunos se utilizam mal da língua, visto o saber linguístico ser entendido apenas como o saber a língua culta, quando, muito frequentemente, o "escrever mal" não se situa no nível do saber idiomático, não tendo, pois, os professores, parece, consciência (não importa a metalinguagem adotada) dos três níveis linguísticos — o falar em geral, a língua e o discurso — coexistentes em todo ato discursivo.

Num exemplo, narrativo, colhido em um jornal, encontramos: "O lugar do sequestro foi uma rua movimentada do Centro e já dura dois meses". O que há neste enunciado é uma evidente incongruência: começou-se a falar do lugar e se acrescentou uma oração que, semanticamente, se reporta ao sequestro, não podendo referir-se obviamente a lugar, como a expressão verbal, através do *e* coordenativo, indica. Não se valeu, no exemplo examinado, de uma regra que especificamente o português não aceita, qual seja o emprego do *e* em tal contexto. Na verdade, em nenhuma outra língua poderia dar-se este tipo de conexão estabelecida pelo *e*. Trata-se, assim, não de uma norma idiomática, mas elocucional, já que traduz uma desobediência a um princípio geral do pensar: só se coordenam ideias equivalentes, logo expressões linguísticas funcionalmente equivalentes.

No seguinte exemplo colhido em Pécora (1986:72), que analisa textos de vestibulandos e de alunos do primeiro ano da universidade, selecionamos um período que contém problema de incongruência quanto ao pensar, relacionado, pois, com o nível universal da linguagem: "É bem difícil uma pessoa com sentimento, com a consciência do dever para consigo mesma e para os outros, viver sozinha".

Como observa Pécora, o período não apresenta qualquer problema de norma [idiomática], mas, do ponto de vista argumentativo, manifesta um equívoco [no caso, incongruência], pois o argumento utilizado para demonstrar "impossibilidade de viver só" é "consciência do dever para consigo mesma e para os outros". Um primeiro problema típico de argumentação aparece, com efeito, com o emprego de uma expressão como "consciência do dever", que pode ser caracterizada como uma expressão linguística veiculadora de uma noção confusa, porque a simples menção à "consciência do dever" não é suficiente para garantir a especificidade do argumento, uma vez que a noção que a constitui tem recebido os mais diversos empregos, tão genéricos quanto contraditórios. Tanto é assim que o mesmo argumento poderia ser utilizado para concluir o contrário, de modo que essa ausência de especificidade semântica da expressão empregada já representa uma séria restrição semântica ao êxito argumentativo do período citado. E conclui Pécora: "o efeito básico desse tipo de argumento é, portanto, paradoxalmente, a suspensão de criação de argumentos pelo texto".

Pécora procura evidenciar que é justamente do ponto de vista da argumentação que os vários textos analisados assumem proporções mais surpreendentes, em grande parte, enfatizemos, despercebidas pelo professor. Em tempos em que a argumentação tem recebido, com razão, tanta atenção dos linguistas, é fundamental que os problemas dela decorrentes sejam situados no plano universal da linguagem, dizendo, pois, respeito ao saber elocucional, já que ocorrem no nível do pensar, da ordenação das ideias. O saber falar, desta maneira, não pode deixar de abranger este nível da competência linguística: falar de acordo com os princípios do pensar. Nada com o nível idiomático.

Infelizmente, o ensino, diria de todas as matérias, mas de modo especial o de Português, se tem descurado do saber elocucional. Não se nega que úteis obras já foram publicadas entre nós, focalizando problemas de argumentação e o ensino. Continuamos a lembrar, no entanto, um livro, publicado em 1967, e que conheceu várias edições (tendo completado, pois, no ano de 2017, cinquenta anos da sua edição inicial), "Comunicação em prosa moderna: aprenda a escrever, aprendendo a pensar", de Othon Moacir Garcia, cujo subtítulo pioneiramente já deixa entrever que enfatizará "o aprender a pensar", dedicando um capítulo à "Eficácia e falácias da comunicação", além de outro em que trata, de modo específico, da "Argumentação", sempre com exemplos bem elucidativos, colhidos, em sua maioria, de textos de estudantes.

E mais: na parte final, Garcia (1978:474-482) apresenta, nesta sua obra, um elenco prestantíssimo de exercícios, que tratará justamente de problemas atinentes ao que Coseriu veio a chamar de saber elocucional. Assim, há atividades práticas concernentes às relações de ideias, a parágrafos incoerentes, à falta de clareza e coerência e/ou ambiguidade e à identificação de sofismas e falácias. Certamente, com base nestes exercícios, o professor ficará mais atento às ocorrências, tão frequentes, de deficiências dos textos de seus alunos neste nível universal da linguagem, as incongruências, antes despercebidas, e de como orientá-los na sua prática discursiva.

Mas o saber elocucional se refere também a outro fundamento do falar em geral, essencial para a construção dos textos: o conhecimento das coisas nomeadas. A falta deste

3. Que é ter competência linguística?

conhecimento é muitas vezes sentida pelos alunos, e pelos falantes em geral, como responsável pela dificuldade de se expressarem, de preencherem a folha em branco. Contudo, esta dificuldade é atribuída mais ao não saber português.

Apreende-se aqui claramente como a falta de uma fundamentação consistente assegurada pela Linguística, no caso, a noção dos três níveis do saber linguístico, é essencial para a condução de um ensino mais eficiente, mais esclarecedor. Desinformação sobre o mundo não diz respeito a nenhuma língua, porém ao princípio universal do conhecimento. A desinformação, ou a falta de informação necessária, está muito presente nos textos escolares de todas as disciplinas, gerando, deste modo, incoerências.

Por esta deficiência, o comum é que os alunos recorram a repetições – insistam em repetir as mesmas ideias a propósito de um assunto, com pequenas variações de forma –, a lugares-comuns, entre outros recursos, para tentar preencher a famosa lacuna de mais ou menos vinte linhas exigidas pelo professor. Quantas vezes, em casos tais, os docentes não censuram as redações de seus alunos, o "escrever mal", avaliados os lugares-comuns e as repetições como indicadores de um "domínio precário da língua"?

Ora, como querer que se escreva sobre o pouco que se sabe, no caso, sobre tema distante da realidade sociocultural do alunado de uma dada escola, sem nenhum trabalho prévio com a turma? E tal deficiência nada tem a ver com a língua. O que se deve avaliar num texto escrito, produzido numa aula de Português, ou em aula de qualquer disciplina, é também então o conhecimento sobre determinado assunto. Na verdade, a eficácia comunicativa abrangentemente considerada pressupõe informação sobre o que se tem de escrever (saber elocucional), não se podendo, contudo, deixar de avaliar igualmente o domínio do saber idiomático e do saber expressivo, tratados a seguir.

Na leitura de inúmeras provas ou trabalhos de Linguística, durante muitos anos, o que mais observamos, como insuficiente nos textos escritos, foi a falta de domínio do conteúdo, mormente do conhecimento metalinguístico, ou seja, a não compreensão de um mundo conceitual exigido, com a linguagem escrita revelando inevitavelmente tal deficiência. Os períodos ficavam, pois, sem sentido, sem que, no tocante ao nível idiomático, ocorressem muitas vezes problemas gramaticais relativos ao português culto, que chamam, muitas vezes, mais a atenção na leitura do professor.

Também em textos escolares, até mesmo de vestibulandos, ocorrem, com muita frequência, declarações falaciosas, como as que manifestam um sentido generalizante, a exemplo de "Os jovens que se destacam como atletas são maus estudantes" ou "Para ser aprovado no concurso, o candidato deve ser muito inteligente". Fica claro, deste modo, que a consideração do nível universal da linguagem não pode ser negligenciada pelo ensino, sob pena de ocorrer grave omissão na avaliação das atividades de leitura e de produção textual.

No nível histórico das línguas, o segundo nível, uma forma ou construção linguística já será avaliada como correta ou incorreta, conforme ocorra ou não de acordo com os elementos e regras de certa língua, em qualquer de suas variedades. O conceito de correção aqui está vincu-

3. Que é ter competência linguística?

lado, ressalte-se, ao que é *normal*, ou seja, ao que efetivamente se diz (numa norma), e não ao que é *normativo*, o que, socialmente, se considera como mais elegante, mais prestigioso (a norma culta). A correção/incorreção não se aplica à língua ("língua errada", "língua sofrível"...), mas ao falante ao usar uma língua, ao não saber valer-se do que um saber idiomático preconiza, em qualquer de suas variedades, ressalte-se.

No falar, a expressão linguística usada deve corresponder à tradição de uma língua histórica, vale dizer, a um dos diferentes modos, pois, de dizer que se podem distinguir nesta língua. De maneira que ocorrências como "aquele home" e "as moça bonita", por exemplo, devem ser consideradas como corretas, quando empregadas por pessoas de baixa escolaridade, uma vez que, na verdade, são modos de dizer que realmente fazem parte de uma norma da língua, uma norma popular do português. Estas mesmas ocorrências lembradas já serão incorretas na fala de pessoas cultas, pertencentes a outro segmento social, que se valem de uma norma distinta. Tais pessoas normalmente não falam assim.

A incorreção acarreta um estranhamento, por não corresponder à expectativa do falar, por exemplo, de uma pessoa culta. Assim como é possível cometer incorreções ao querer se valer da norma culta, também é possível, numa orientação não normativa, falar incorretamente outra norma, adotada por todo um grupo social. Deste modo, o falante de determinada variedade social utilizada por certo grupo poderá causar estranheza aos seus próprios vizinhos ao empregar uma palavra reconhecidamente de uso erudito, por exemplo, por se tratar de uma comunidade linguística sem um maior lastro cultural. A estranheza, reitere-se, é sempre a base de um uso linguístico não satisfatório. Coseriu (1990:50) reconhece incisivamente tal avaliação:

> Assim como é possível incorrer em incorreções ao falar em geral, também é possível falar incorretamente um dialeto ou uma forma da língua comum. (tradução nossa)

Na verdade, como um falante de baixa escolaridade não domina a norma culta, do mesmo modo um falante bem escolarizado não se mostra competente ao atualizar uma norma popular em sua abrangência, não conseguindo se mostrar correto em relação a ela numa fala continuada, pois simplesmente não é este o seu dialeto social.

Coseriu (1992:100) aponta também como exemplo típico da não correção a maneira de se falar a própria língua com estrangeiros que não conhecem ou não conhecem bem essa língua. Com efeito, com estrangeiros se costuma reduzir a própria língua, porque os falantes consideram que isto, embora não correto, é adequado a essa situação: o ouvinte, dizem, entende melhor assim. "Você amanhã vir a minha casa, depois jantar", para ilustrar.

Delineia-se, desta maneira, com este posicionamento mais amplo sobre correção, uma orientação linguística bem distinta da que é quase consensual na sociedade e no ensino escolar: não correto é apenas o que destoa da norma culta, numa perspectiva claramente prescritiva/proscritiva, com destaque para a proscritiva, para os "erros" a serem corrigidos. Não se negue que tal incorreção seja a mais frequente, pois são reiteradas as situações em que um falante mal

3. Que é ter competência linguística?

escolarizado tem de se manifestar verbalmente fora de seu grupo, em que a variedade esperada a se manifestar é outra.

A escola, já explicitamos este ponto, tem sim como função prioritária a de levar, ao longo de vários anos, os alunos ao domínio gradativo, repisamos gradativo, desta norma, por razões já expostas. Contudo, o falar por meio de outra norma, que não a culta, não é, reiterando, em si incorreto, mas correto, sempre que utilizado, respeitadas suas regras, por falantes com outra identidade social, no seio de uma comunidade onde sua expressão linguística não causa estranheza, por seguir a norma desta comunidade.

Todo falar, com efeito, tem então a sua própria correção na medida em que corresponde ou pretende corresponder à tradição de uma língua histórica, aos seus distintos modos de falar que nela se podem e se devem distinguir. Não é de todo aceitável considerar todos os falantes de um grupo social de analfabetos como incorretos o tempo todo do seu agir linguístico, mesmo se comunicando verbalmente sem acarretar estranheza. Assim, na hipótese de se valer um grupo social de um falar popular, será incorreto, podendo causar certamente estranheza entre vizinhos, o emprego de um pronome enclítico.

Fora desta hipotética comunidade, a expectativa do correto é bem outra em grupos sociais de perfil culto, causando uma atitude de censura, de graus distintos, mas sempre índice de algo "que não está bem", a expressão linguística de um falante com tal perfil, cuja atuação idiomática não se paute pelas regras consensuais deste estrato social. Trataremos, no capítulo dedicado mesmo à variação linguística, de como orientar o ensino de Português, não centrado apenas na norma culta, mas focalizando a variedade linguística inevitável manifestada ao falar uma língua.

Não se ignora que a atividade do falar, o falar concreto, sempre se realiza por falantes individuais, em situações individuais. A linguagem não é uma atividade coral. Trata-se do terceiro nível da linguagem, o nível individual, a que corresponde o saber expressivo, adotada a metalinguagem coseriana.

No intercurso social, já se comprova não mais a correção ou a incorreção, mas se a expressão linguística é adequada ou não adequada ao objeto ou assunto do falar, à situação ou ao ouvinte (ou leitor), três fatores obrigatórios de todo ato verbal. Assim, numa conferência científica, não será adequado ao objeto focalizado o emprego de expressões informais como "a gente", "tão percebendo?". Já em relação ao ouvinte, será inadequado falar com uma criança da mesma maneira do que com um adulto. No tocante à situação ou às circunstâncias do falar, é de todo inadequado, em um almoço de família, por exemplo, empregar-se um "far-se-á o possível", respondendo a pergunta de um membro da família.

A adequação é, na verdade, uma avaliação bem mais complexa do que a congruência ou a correção, pois envolve, como se viu, diversos fatores do falar. Por isso, uma expressão ou um texto maior pode ser adequado ou inadequado, sob pontos de vista diferentes. Um gracejo mais livre será adequado a uma situação de informalidade, como uma conversa descontraída entre conhecidos. Mas poderá ser inadequada se, entre os conhecidos, admitamos, houver duas senhoras.

São muito ocorrentes nos textos escolares, mas em outros textos também, como os jornalísticos, vários problemas concernentes ao saber expressivo. Um dos mais frequentes está no acolhimento na escrita mais elaborada de procedimentos típicos da língua falada mais espontânea, por dominarem mal os seus autores certas estruturas da variedade escrita culta que, percebe-se, pretendem adotar.

O que pode, então, se observar é que, num mesmo texto, convivem uma construção de emprego mais formal, típica da língua escrita que, no caso dos alunos, vão eles interiorizando, e outra fundamentalmente da língua oral mais do dia a dia. Sirva de ilustração este exemplo: "Se bem que hoje em dia existem tratamentos que você faz em seis meses". Ao lado do emprego de "se bem que" e da concordância do verbo com o sujeito posposto, observa-se o emprego dissonante do indicativo ("existem") e da indeterminação do sujeito com *você*. Na verdade, em outro posicionamento, pode-se afirmar que, neste curto texto, nenhum dialeto ou variedade linguística aparece caracterizado.

Entendida, então, a competência linguística desta maneira ampla, nos seus três níveis, fica delimitado o próprio objeto do ensino da língua: o seu estudo enquanto saber elocucional, saber idiomático e saber expressivo. Em decorrência, delineia-se também o seu objetivo: levar o aluno a alcançar a suficiência, a maior conformidade possível, com as normas concernentes a cada um desses três níveis do saber linguístico.

A falta desta fundamentação linguística, adotada qualquer metalinguagem pertinente, na formação dos professores, é certamente uma das causas que contribuem para o baixo rendimento do nosso ensino do Português. Parece mais generalizada a orientação de se levar em conta apenas o saber idiomático, descurando-se do que aqui se vem chamando de saber elocucional e de saber expressivo, quando os problemas mais frequentes nas redações escolares dizem respeito justamente a estes dois níveis do saber linguístico.

E mais: o saber idiomático aparece identificado com o saber da variedade culta. Na verdade, o ensino do vernáculo deve abarcar não apenas o que os alunos não dominam ou dominam ainda mal (a língua escrita formal), mas ainda o que só sabem de maneira intuitiva (a língua falada informal do seu grupo social), levando-os assim a se conscientizar do seu próprio uso linguístico, com o que se estará abrindo caminho para o cotejo de variedades, iniciando os alunos na observação e na reflexão do fenômeno tão importante da variação linguística, procedimento que os estimulará, e não os inibirá, a produzir textos diversificados e adequados a situações diversas, desenvolvendo deste modo o seu saber expressivo.

Fique claro que não se está aqui negando que o compromisso fundamental do professor de língua materna é o de possibilitar ao aluno o domínio eficiente da variedade culta. Apenas defende-se a orientação de a língua a ser utilizada não se restringir a uma só norma, embora a de maior prestígio social, mas a de comportar, em muitas situações, outras normas realizáveis nos discursos, e, assim, legítimas.

Pode-se constatar, deste modo, que o professor de Português deve ser um professor de linguagem, e não só de língua, atento ao saber elocucional e ao saber expressivo de seus alunos. Que os professores de todas as matérias venham a se conscientizar de que devem ser também professores de linguagem, atentos, pois, às

3. Que é ter competência linguística?

incongruências e às inadequações dos textos que lhes cabe avaliar, não ficando restritos a marcar os erros ortográficos e alguns erros gramaticais em relação à norma culta.

Muitas vezes, acreditamos, percebem as incongruências e as inadequações, mas silenciam quanto a elas se o conteúdo exigido, numa prova ou qualquer atividade escolar, é aceitável. Mesmo porque, em geral, entendem que o cuidado com a expressão é função do professor de língua (afinal, sou professor de Geografia ou de História, pensam), e o professor de língua, por sua vez, entende com frequência que sua tarefa se limita ao saber idiomático, restrito à variedade culta, especialmente às ocorrências não habituais no tocante a ela, com o objetivo de corrigi-las. Qual professor não tem a função (através da leitura e da produção textual) de estimular seus alunos a saberem ordenar as ideias, a conhecer o mundo sobre que são chamados a falar em situações discursivas diversas, além da meta evidente de capacitá-los à prática e à reflexão do saber idiomático, sem que, para tal, tenha-se em vista a formação de professores de gramática?

Um conceito amplo de competência linguística, como aqui se tem procurado firmar, segundo princípios teóricos preconizados por Coseriu, requer ainda que se conheça e se enfatize a certamente mais conhecida distinção teórica coseriana, que é uma distinção hoje da Linguística moderna: a que o linguista romeno estabeleceu entre sistema e norma, ambas técnicas virtuais, mas com graus ou níveis distintos de abstração, opondo-se ambas, desta maneira, à fala ou ao falar concreto, técnica realizada. (Coseriu: 1962, 11-113)

O sistema se caracteriza por conter elementos e regras que tenham um valor funcional numa língua, como, no português, a oposição entre singular e plural, para a categoria gramatical de número; daí se contar com regras pertinentes para a formação do plural. De modo que em *casas*, o *-s* é elemento (morfema) que marca o plural, opondo-se ao morfema zero que marca o singular. O sistema corresponde também ao conjunto de possibilidades de que se pode valer o falante para se expressar numa língua. Já a norma, norma social, concernente, pois, a qualquer variedade da língua, e não norma prescritiva, vem a ser o que se diz habitualmente numa comunidade, um modelo de agir verbal em um grupo social.

Assim, em português, na norma culta, os nomes terminados em *-ão* podem fazer o plural em *-ões*, *-ãos* e *-ães*. Dessas possibilidades oferecidas pelo sistema desta variedade da língua, tem-se o plural *balões*, mas *irmãos* ou *cães*, correspondentes a escolhas distintas. Norma é, pois, escolha, sempre com base nas possibilidades do sistema da língua. Esta distinção traz inegavelmente uma compreensão mais clara do porquê da ocorrência de formas distintas a denotarem uma mesma noção, como a de plural. A norma é, desta maneira, sempre mais limitada do que o sistema.

É o sistema, na sua condição de saber criativo, justamente pelas possibilidades que oferece, que irá permitir ao falante desrespeitar a norma, o uso fixado. De modo que saber uma língua, ser competente nesta língua, pressupõe também a compreensão e utilização de termos e combinações idiomáticas com base nos recursos linguísticos disponíveis no sistema e que não seguem uma tradição firmada (norma) de dizer. Tal se dá na própria linguagem quotidiana, como o emprego, sempre lembrado, de *imexível*, utilizado

3. Que é ter competência linguística?

há tempos por um Ministro do Trabalho, forma que causou grande estranheza na sociedade na época pelo seu inusitado, embora sua formação não seja em nada estranha à língua como sistema (ilegível, imutável, irresponsável).

Observe-se ainda, com base no processo de formação de palavra por meio de sufixos, que contamos com formas distintas deles, portadores do mesmo valor significativo, a de traduzir ação, por exemplo, no nível do sistema. Mas a norma, o uso consuetudinário, selecionou a forma lembrança, mas já as formas nomeação e acolhimento. No plano sintático, sabemos que, em português, o adjetivo pode anteceder o substantivo ("doce lembrança"). Todavia, em certas combinações nominais, a norma já não admite a antecipação do adjetivo ("margem esquerda do rio"). A norma sempre como seleção dentre as possibilidades oferecidas pelo sistema da língua considerada.

Mas é na linguagem literária, graças ao afastamento consciente e recorrente do que habitualmente se diz, que a expressividade linguística se torna altamente elaborada nos enunciados verbais, podendo alcançar um grau de criação estética de alto valor. "Não gosto das palavras/fatigadas de informar. [...] Porque eu não sou da informática:/eu sou da invencionática." (Barros, 2003, IX) Assim saber português não é só saber o que se diz, mas também saber o que possa ser dito. Para a leitura, especialmente de textos literários, é fundamental este aspecto da competência linguística.

Aos três níveis do saber linguístico correspondem também três estratos no plano do conteúdo, ou plano semântico. (Coseriu, 1988:96) Quer dizer, em cada ato de fala, podemos diferenciar três níveis do significar que, evidentemente, nos textos se apresentam simultaneamente: designação, significado e sentido. Segundo Coseriu, um ato de fala faz referência a uma "realidade", a um estado de coisas extralinguístico; tal referência se estabelece por meio de determinados elementos conteudísticos (significados) de uma língua e em cada uma das ocorrências discursivas se tem outra função significativa, o sentido.

A designação se situa no nível universal da linguagem: é a referência à "realidade", relação, pois, entre signo, com seu significado em uma língua, e seja qual for a "coisa" designada (mesa ou tristeza, fantasma ou pensamento). A designação não é, assim, a "coisa" em si mesma, mas a referência a ela. Deste modo, cavalo, por exemplo, é coisa da realidade, situando-se no mundo extralinguístico, mas já designação quando e somente quando referência a tal coisa, pertença, pois, já do universo linguístico, por apresentar então seu valor semântico, próprio em cada língua.

O significado se situa no nível histórico da linguagem: é o conteúdo dado linguisticamente em uma língua, vale dizer, é a configuração da designação em uma língua, como referência a um objeto "real" que vai se expressar semanticamente em dada língua. Em suma, é o conteúdo de um signo enquanto dado numa determinada língua e exclusivamente através dessa língua.

O mundo real não impõe evidentemente uma mesma leitura, uma mesma organização de esquemas cognitivos para todas as línguas. Assim, "homem", do português, e "homo", do latim, não têm o mesmo significado, porque o termo em português significa tanto o indivíduo do sexo masculino como o ser humano, e o termo latino significa

3. Que é ter competência linguística?

apenas o ser humano em geral. Para o ser humano do sexo masculino, o latim já conta com outra forma, *uir*.

O sentido se situa no nível individual ou discursivo da linguagem: é o conteúdo linguístico que se expressa além e através da designação e do significado.

Damo-nos facilmente conta deste extrato do significar nos casos em que até no dia a dia, compreendendo ao pé da letra palavras e frases, nos perguntamos o que se quis dizer. Com efeito, indagamos alguma coisa além do significado e da designação, alguma coisa de diferente desses conteúdos. (Coseriu, 1980:99) É o estrato semântico do sentido, correspondendo a atitudes, intenções ou suposições do falante em determinadas situações. Seria o caso de, num gracejo, reportar-se a um menino bem gordo como "magricela". Neste exemplo, "magricela" está como designação de um "gordo", embora em português o seu significado não seja "gordo". O intento de gracejo foi responsável pelo desusado sentido de "magricela". O gracejo, na verdade, já se apresenta como um sentido textual, só pode ser explicado em certo contexto.

A importância do reconhecimento dos três níveis do plano semântico em relação ao ensino da língua é evidente, a começar por combater a compreensão leiga muito generalizada de identificar os objetos do mundo real com as palavras, portanto o mundo extralinguístico com o mundo intralinguístico. A língua não é mera nomenclatura, que se aplica a uma realidade categorizada independentemente da língua. Só através da designação, configurada por um significado de uma língua, é que linguisticamente os objetos do mundo real passam a ser unidades de uma língua. Esta tem, pois, sua própria realidade, distinta da realidade do mundo.

Em português, em novo exemplo, temos as unidades lexicais homem e mulher para distinguir o sexo de uma pessoa, além do termo homem para designar o "ser humano", independentemente do sexo; já o latim conta com três unidades lexicais (*homo, uir* e *mulier*) para indicar, respectivamente, o ser humano em geral, a pessoa do sexo masculino e a do sexo feminino.

Não há como não distinguir designação de significado. Há o objeto do mundo extralinguístico "flor", por exemplo. Ao querer nos referirmos a ele (designação), costumamos fazê-lo através de um significado de língua, que representa sua possibilidade de expressão. O português conta, no caso, com uma unidade lexical, com seu significado conhecido dos falantes. Há ainda a possibilidade de a referência ao "real" ser metafórica, como no exemplo acima dado com "magricela". A designação não está vinculada a uma língua determinada, pois se aplica a algo extralinguístico (estrela, céu, lua...), nem mesmo a uma expressão determinada desta língua. De modo que posso dizer "Pedro é mais velho que Raul" ou "Pedro é menos jovem que Raul" que a designação é a mesma, mas os significados são distintos (mais velho x menos velho). Da mesma maneira, em "A Semana de Arte Moderna marca o início do Modernismo" e "O início do Modernismo é marcado pela Semana de Arte Moderna" se tem a mesma designação, mas significados diferentes (voz ativa x voz passiva). Estas duas frases não são, pois sinônimas, como também em "Maria é maior que Pedro" e "Pedro é menor que Maria" (maior x menor).

Significado e sentido são, por princípio, distintos, pois se reportam a níveis diferentes da linguagem: o primeiro, ao

3. Que é ter competência linguística?

nível da língua, o segundo, ao nível do discurso. Todavia, o sentido pode coincidir com o significado, da mesma maneira que o significado pode coincidir com a designação. Ilustremos.

Para tudo o que, numa dada língua, é "nomenclatura" (nomes relativos à Química ou à Zoologia, por exemplo), significado e designação coincidem, pois as nomenclaturas extrapolam o saber linguístico como tal, pois implicam um saber relativo às próprias coisas. Muito frequentemente, o falante comum, no caso, digamos, dos nomes de flores e de animais, se limita a empregar os nomes genéricos (flor e peixe), deixando aos falantes de maior conhecimento destes campos a referência mais específica às "coisas" (orquídea e badejo) e respectivos nomes. A designação de "coisas" mais raras fica, em geral, com os especialistas das duas áreas.

Cabe à Química (e não à Linguística) a definição dos significados de todos os termos do seu campo de estudo, mas já não se pode recorrer a nenhuma ciência para ficar sabendo a definição de "andar", "trazer", "pedir", "querer", que são conteúdos (significados) da língua portuguesa e de nenhum outro saber. "Sódio", por exemplo, tem o mesmo significado em qualquer língua, por isso seu significado não se refere a uma língua determinada, já que é universal. (Coseriu, 1980:104)

Como foi dito acima, significado e sentido podem também coincidir. Quando? Quando o texto é predominantemente informativo, comunicativo, o que já não acontece quando o texto for literário ou artístico. Assim, no poema de Bandeira ("Noite morta"), vamos encontrar várias palavras (como "noite", "procissão", "chora" e "voz") em que os sentidos são poéticos, literários, adequados ao intento estético do poeta, não coincidindo com os respectivos significados registrados pelos dicionários portugueses.

> Noite morta./ Junto ao poste de iluminação/ Os sapos engolem mosquitos.// Ninguém passa na estrada./ Nem um bêbedo.// No entanto há seguramente por ela uma procissão de sombras.// Sombras de todos os que passaram./ Os que ainda vivem e os que já morreram.// O córrego chora. A voz da noite...// (Não desta noite, mas de outra anterior.) (Bandeira, 1955:162)

Na verdade, a presença de elementos com intento estético numa construção textual, como na deste poema de Bandeira, é que caracteriza "uma forma pessoal de expressão", ou seja, aponta para sentidos específicos, não coincidindo, pois, com os significados.

Já se valendo deste outro texto, percebe-se facilmente que o intento central do autor foi o de informar, por isso nas várias palavras empregadas o significado, nível da língua, coincide com o sentido, nível do texto:

> Eu gosto muito de música clássica. Comecei a ouvir música clássica antes de nascer, quando ainda estava na barriga de minha mãe. Ela era pianista e tocava... (Alves, 2011:47)

Pensamos que ao longo deste capítulo ficou clara a posição de Coseriu que ter competência linguística não se reduz ao domínio de uma dada língua (saber idiomático). Trata-se, na verdade, de um conceito bem mais amplo, em geral, não reconhecido pela sociedade e por muitos que se

3. Que é ter competência linguística?

dedicam ao ensino de uma língua. Com efeito, o saber prático de que os falantes se utilizam, em sua atividade significativa e comunicativa, comporta dois outros níveis, além do histórico ou idiomático: o universal (saber elocucional) e o individual (saber expressivo). Não importa a metalinguagem que adotemos. O importante é não deixar de reconhecer que, em cada ato de fala, manifestamos sempre os três níveis da competência: no seu nível universal (linguagem), no da língua e no da fala.

Tal conceito amplo de competência linguística torna bem compreensível a complexidade do saber falar, além de ficar, deste modo, mais consistentemente delimitado, como já se salientou, o objeto do ensino da língua: o seu estudo enquanto saber elocucional, saber idiomático e saber expressivo.

Consideremos um breve texto para explicitar como seu autor, o grande humanista Rubem Alves, mostra a sua competência linguística na construção do seguinte enunciado:

> Sou psicanalista. Um psicanalista é uma pessoa que tenta ajudar as pessoas a se transformarem pelo uso da palavra. A palavra tem poderes mágicos. Bem dizem os textos sagrados que no princípio de todas as coisas está a palavra. A palavra faz milagres. (Alves, 2011:9)

O autor revela seu saber elocucional através do conhecimento que manifesta sobre o mundo da psicanálise, assumindo mesmo uma posição acerca dela. Este saber também está presente na ordenação de ideias que tornam o texto coerente, inteligível ao leitor, através de recursos apropriados de coesão textual. Não há, pois, neste texto, ambiguidades, noções confusas, repetições desnecessárias, alguns dos problemas concernentes à competência linguística geral ou universal.

O saber idiomático do autor se manifesta ao se valer sempre e com correção, na organização do seu texto, da variedade culta da língua, haja vista o léxico e os recursos gramaticais empregados (concordâncias, flexões, disposição dos termos no enunciado...)

Por fim, o autor evidencia o seu saber expressivo, elegendo a variedade culta formal na construção de seu texto, já que direcionada a leitores cultos, mostrando-se adequado ao emissor, destinatário, objeto do discurso e situação de fala, não causando, deste modo, nenhuma estranheza no manifestar por escrito o seu discurso.

Cremos que o quadro a seguir, como síntese, contribui para um melhor entendimento quanto à relação entre cada um dos três níveis da linguagem preconizados por Coseriu (1980:91-100) e os respectivos saber, conteúdo (ou estratos semânticos) e juízo correspondentes aos níveis ou planos universal, histórico e individual.

PLANO	UNIVERSAL	HISTÓRICO	INDIVIDUAL
SABER	ELOCUCIONAL	IDIOMÁTICO	EXPRESSIVO
CONTEÚDO	DESIGNADO	SIGNIFICADO	SENTIDO
JUÍZO	CONGRUENTE/ INCONGRUENTE	CORRETO/ INCORRETO	ADEQUADO/ INADEQUADO

(Bittencourt, 2009:122)

Como tratamos, neste capítulo, dos estratos semânticos, falta-nos focalizar, nesta altura da exposição, um conceito básico da Linguística: o do signo linguístico ("signe" na obra de Saussure), nem sempre bem formulado e, pois, compreendido pelos que estudam a ciência da linguagem (confundido, por exemplo, por vezes com significado). Necessário se torna primeiro firmar a noção de sinal, essencial ao focalizar a linguagem: "alguma coisa no lugar da outra". Tomemos na linguagem do trânsito as luzes verde e vermelha; significam algo diverso delas mesmas, fora delas: respectivamente, a indicação para uma pessoa poder atravessar uma rua e para não poder atravessá-la. Deste modo é que dizemos que tais cores funcionam como sinais de algo que está fora delas. Nenhum objeto é sinal de si mesmo. Certo perfume, por nos lembrar o odor de uma flor, funcionará como um sinal desta flor, no caso, olfativo. O sabor de algo que, com os nossos olhos fechados, nos põem na boca pode nos evocar determinada fruta, atuando como um sinal gustativo dela.

    O que se dá com a linguagem verbal? É mais complexo. A palavra mesa, por exemplo, através do seu significado, nos remete a um objeto delimitado da realidade, não se confundindo, no entanto, com tal realidade. Mesa é, pois, um sinal, um sinal linguístico. Mas este sinal nos é transmitido através de uma expressão fônica (ou escrita), que será também um sinal (significante), um sinal que evoca outro sinal, o significado. Então, o signo linguístico é duplo: significante e significado, termos empregados por Saussure, embora ele não fale em duplo sinal. Esta relação que liga entre si os dois sinais é que compõe o signo linguístico, ligando-o por outro lado à realidade. Em outras palavras: o significante, expressão fônica, significa imediatamente o significado e só mediatamente, através dele, a realidade, a qual o significado tem como função representar imediatamente no conhecimento dos sujeitos falantes. (Carvalho, 1983, v. I:170)

Significante (Saussure fala também em imagem acústica) e significado são inseparáveis, como os dois lados de uma folha de papel, lembra o linguista suíço. Logo, não existe significante sem significado, nem significado sem significante. Ao querer estudar apenas os sons de uma expressão, não se falará em significante, mas em sinal, já que não se estará cogitando da relação com o significado. Estaremos apenas no estudo do campo fônico da linguagem.

O signo linguístico, para Saussure, é arbitrário, ou seja, não há uma relação necessária entre o som e o significado, nenhum laço natural que determine a relação de certo significante com determinado significado. Comprova o famoso princípio da arbitrariedade, ou da imotivação, do signo linguístico, formulado por Saussure, a diversidade das línguas. Os mesmos significados estão ligados a significantes distintos (cf. cavalo, cheval, caballo, horse). Esta arbitrariedade do signo linguístico é uma prova irrefutável de que ele é uma criação cultural, humana, pois.

O linguista português Herculano de Carvalho, em bem fundamentados capítulos intitulados "Teoria geral do sinal e da significação" e "Sinais e significação na linguagem" (p. 93-219), o sétimo e o oitavo, respectivamente, de sua obra *Teoria da linguagem* (1983, em sua oitava edição) – de que nos valeremos de perto para tecer as considerações que a seguir explicitaremos –, critica os termos "arbitrário" e "imotivado".

Na verdade, arbitrário (cf. "avaliação arbitrária") significa qualquer coisa que depende da vontade, quando não

3. Que é ter competência linguística?

mesmo do capricho, individual, "a tudo o que, referido ao agir humano, não está sujeito a leis e *não é necessário*" (*op. cit.* 176). Imotivado, por sua vez, refere-se àquilo que não tem motivo ou razão, vale dizer que não tem fundamento (cf. "reação imotivada").

Carvalho sustenta que, na realidade, a relação significativa que liga o significante ao significado é convencional, fruto do acordo de um grupo social, mas é motivada, e, pelo fato mesmo de ser uma relação fundamentada, sendo seu fundamento a própria convenção que a origina: "*podemos assim dizer que ela é historicamente motivada*" (*op. cit.* 176). Logo, reforçando, esta relação não é arbitrária, mas *necessária*, devendo respeitá-la todos os membros da comunidade linguística em que ela se observa. Vale dizer que todos os falantes de uma comunidade "deem os mesmos nomes às mesmas coisas".

Pode-se concluir, pois, que o propalado princípio da arbitrariedade ou da imotivação do signo linguístico, formulado por Saussure, traduz mesmo, na realidade, o conceito da convencionalidade do significante no tocante à sua relação com o significado.

Não se pode, contudo, omitir que o próprio Saussure relativiza este princípio, apontando signos, as onomatopeias, cujos significantes são, na verdade, apenas parcialmente arbitrários em relação aos objetos significados. Com efeito, as onomatopeias propriamente ditas – objetos sonoros de configuração definida e valor significativo constante, constituídos muito frequentemente por fonemas da língua – apesar de seu caráter convencional, já que expressas por formas onomatopeicas diversas em comunidades linguísticas distintas (au-au em português, ouaoua em francês, wuawua em alemão), apresentam também uma inegável ligação natural, real, com o objeto significado, não evidentemente reproduzindo-o, mas por certa analogia ou semelhança que com ele mantém. Temos nas onomatopeias muitos exemplos em que a integração ao sistema fônico da língua é total, como em miau, ao lado de formas como méé em que tal não acontece, não pelos fonemas ocorrentes, mas pela combinação anômala em português: presença da vogal alongada.

Carvalho sustenta ainda que as onomatopeias, sinais parcialmente naturais (que se opõem a convencionais)

> ...*não são verdadeiras palavras*, isto é, não constituem formas plenamente integradas num sistema linguístico, mas formas auxiliares da linguagem verbal, cuja função essencial é a de evocar sensivelmente, e globalmente, uma situação, e que, relativamente a esse sistema, ocupam portanto uma posição que podemos dizer marginal, funcionando no acto comunicativo praticamente ao mesmo título que os gestos. (p. 193)

Com efeito, as onomatopeias propriamente ditas são sinais inanalisáveis (miau, méé), destituídas de valor denotativo próprio, evocando de forma sensível algo da realidade, e não desempenham função na frase.

As onomatopeias propriamente ditas devem ser distinguidas claramente das palavras onomatopeicas, que já se apresentam como nomes convencionais das coisas. Assim, o verbo miar ou o nome miado têm como função essencial e primeira o significar intelectualmente (denotação) o ruído produzido pelos gatos, e não o de sugerir a própria impressão acústica do mesmo, sensivelmente produzida (miau).

3. Que é ter competência linguística?

Há ainda um outro tipo de motivação que se deve reconhecer que afeta a relação significativa entre os dois termos ou sinais do signo linguístico, significante e significado. Trata-se agora de uma motivação, que, relativamente a cada língua ou sistema linguístico, podemos dizer interna, "sendo determinada pela forma dos significantes ligados a *significados pertencentes ao mesmo domínio semântico* (que) *apresentam formas parcialmente idênticas*". (p. 182) Logo, o valor significativo de cada um destes significantes vai ser parcialmente condicionado, ou motivado, pelo valor significativo de cada um dos outros.

Exemplificando: seja a palavra livro. Entre o seu significante e o seu significado se tem uma relação isolada, convencional ou imotivada. A seguir, tome-se a palavra livreiro. Entre tal significante e seu significado a relação significativa já não está isolada, porque essa relação se dá de termo para termo (de significante para significado), portanto, se encontra apoiada, digamos, em outras relações, estabelecidas pela existência e pelo valor significativo de significantes de forma semelhante. Não só, acrescentamos, entre livro e livreiro (o que trabalha com livros), mas também nas relações significativas de livreiro com o seu significado, com verdureiro com o seu significado, e assim adiante.

Para finalizar as considerações sobre o signo linguístico, um ligeiro comentário sobre a extensão dele. Observa-se, às vezes, na prática docente da Linguística, a identificação errônea, por parte de estudantes, do signo com a unidade palavra. A verdade, no entanto, é que o signo se identifica com unidades menores e maiores, ou mais extensas, do que a palavra.

Assim, em aluna, por exemplo, contamos com dois signos linguísticos: alun- e -a. A cada segmento corresponde um claro valor significativo. Logo, estamos ante dois signos, menores do que a palavra. A tais unidades chamaremos de morfemas: as menores unidades significativas de uma língua. A unidade palavra pode ser constituída de vários morfemas. Em sobreviveríamos (palavra verbal) podemos depreender cinco morfemas: sobre, viv, e, ria, mos. Cada um destes segmentos atua como significante (não mero objeto físico) porque aparece ligado a certo valor significativo. São, pois, cinco signos.

Contudo, há signos também de maior extensão do que a palavra. Uma frase como "Uma criança dormindo pede apenas que sejamos olhos" é, na sua totalidade, um signo, mais extenso do que a palavra. Signo complexo, que resulta da combinação ordenada de vários signos menores, dispostos numa sequência, um após os outros: uma-criança-dormindo--pede... São a estes signos menores, obtidos imediatamente pela decomposição da frase mencionada, que damos o nome de palavras. Uma análise mais detida nos mostrará que há signos menores do que as palavras, obtidos pelo mesmo processo de decomposição a que sujeitamos a frase.

Por exemplo, a palavra dormindo, se cotejada com dormir, de um lado, ou com comendo, de outro lado, deixará claro que pode ser dividida em três signos menores: dorm, i, ndo. Cada um destes signos menores, morfemas, resulta, como qualquer signo, mais ou menos extenso, da relação significativa de um significante com um significado; daí falar-se que o signo linguístico é duplo. Como já se evidenciou: o significante sinaliza o significado e este, por sua vez, sinaliza o objeto significado.

3. Que é ter competência linguística?

Não se ignora que vivemos num mundo de sinais (alguma coisa no lugar de outra), desde a nuvem que tantas vezes é sinal, ou seja, significa outra coisa, no caso, tempestade próxima, ou, na linguagem do trânsito, a cor vermelha como sinal de não poder atravessar uma rua, até o sinal linguístico, que, como vimos, é duplo (significante e significado). Este sinal é de transcendental importância para a compreensão do mundo e para a vida em sociedade em qualquer agrupamento humano.

Já que, como se explicitou no momento adequado, seguimos de perto, nessas considerações sobre sinal e signo linguístico, a Carvalho, em sua obra *Teoria da linguagem*, mais precisamente nos capítulos "Teoria geral do sinal e da significação" e "Sinais e significação na linguagem", nada mais pertinente do que finalizar este capítulo do livro com uma citação (p. 93) da *Teoria da linguagem* acerca do valor essencial da noção de sinal para a compreensão da própria vida de que somos participantes:

> ...para os homens de todos os tempos e de todos os graus e formas de cultura as coisas que nos rodeiam, os fenômenos de que somos espectadores continuamente se nos propõem, não apenas como tais coisas e fenômenos em si mesmos, mas como *sinais* de outras coisas e de outros fenômenos, que através deles e neles se nos fazem conhecer. Na realidade, vivemos mergulhados num mundo de sinais, que umas vezes de modo automático nos fazem reagir, que outras vezes conscientemente interpretamos, compreendendo-os, e que nos permitem, em qualquer dos casos, adaptarmo-nos a situações futuras.

4. Que é ter domínio de uma língua?

Já se enfatizou que a competência linguística, a competência de produzir e entender os mais diversos discursos manifestados pela linguagem verbal, é muito mais abrangente do que saber uma língua (saber idiomático). Na verdade, na produção e no entendimento de um texto não basta conhecer as unidades e as operações combinatórias pertinentes à estruturação de certa língua. Torna-se imprescindível também o domínio dos fundamentos do nível universal da linguagem (saber elocucional, na metalinguagem de Coseriu) – a ordenação das ideias e o conhecimento do mundo – e o domínio do que seja adequado a cada situação particular de fala, que envolve sempre um emissor, um receptor, um objeto e um conjunto de circunstâncias (saber expressivo).

Sem estes dois últimos saberes, não teremos como perceber, por exemplo, em qualquer língua, a coerência ou não das ideias e a adequação ou não de um enunciado em certa situação, fatores indispensáveis à compreensão discursiva. Assim, não ter o conhecimento de um dado assunto abordado em um texto, embora se dominem as regras gramaticais da língua, não nos possibilitará o seu entendimento. Já não saber escrever um texto, em situação de formalidade, por exemplo, revelará um domínio limitado, insuficiente da língua.

O domínio de uma língua, por parte do falante, é fundamentalmente um saber prático, um saber agir verbalmente, falando, escrevendo, lendo e ouvindo. Alcançar, através sobretudo do ensino escolar, este saber prático de maneira proficiente deve ser a grande meta a ser alcançada no ensino da língua, o que significa ter como objetivo maior a formação de leitores e produtores textuais competentes.

Logo, este ensino precisa se centrar em atividades, que tenham o texto como unidade básica. Para tal, o professor deve ter o conhecimento seguro de certos fundamentos da ciência da linguagem, como os três níveis da competência linguística focalizados, sem, evidentemente, fazer deste conhecimento a finalidade de sua atuação docente. Um domínio científico seguro interiorizado é que deve nortear a condução de toda atividade docente no ensino da língua. Assim, os alunos devem ser levados a escrever com congruência, correção e adequação, sem que tenham de tecer considerações sobre os três níveis da linguagem.

Tratamos neste capítulo do objeto teórico que é a língua (o saber idiomático), o primeiro a ser reconhecido como o objeto da Linguística, por Saussure, em sua célebre obra póstuma *Curso de linguística geral* (1916), ao estabelecer a famosa dicotomia *langue* e *parole*. Ele identificava a competência linguística com a *langue*, com o saber idiomático,

4. Que é ter domínio de uma língua?

com a língua, sistemática, abstrata, potencial, identificação que seria muito ampliada, graças a vários linguistas posteriores, com novas orientações teóricas, o que possibilitou, há algumas décadas, o delineamento de uma linguística do discurso, da *parole*, predominante hoje, pode-se dizer, na ciência linguística, com diferentes enfoques.

A noção de língua para Saussure fica sobretudo clara, ao estabelecer justamente a distinção entre língua (*langue*) e fala (*parole*), uma dicotomia que passou a pertencer à Linguística. A fala, concreta, é a realização da língua, sendo a língua, por sua vez, a condição de existência da fala.

Uma noção importante desde o conceito de língua firmado por Saussure é que ela constitui um sistema. O que vem a ser um sistema? Um conjunto cujas partes se unem por uma relação de solidariedade. Não é, pois, qualquer conjunto que será um sistema, como no caso das pessoas que, em certo momento, transitam por uma rua. Saussure se vale da conhecida comparação da língua a um jogo de xadrez (1970:31-32), para evidenciar bem a ideia de sistema.

O jogo de xadrez é um sistema em que o que importa são as peças (seu número, a função de cada uma) e as regras do jogo, e não o material de que são feitas as peças (marfim, madeira...). Em cada partida, o sistema vai se manifestar pelas jogadas feitas, como na língua, pelas jogadas verbais, que são os atos verbais, a prática da língua.

Logo, o conceito de sistema supõe um conjunto ordenado de elementos, que devem apresentar um traço comum (traduzirem, por exemplo, a noção de tempo verbal) e serem relacionados segundo certos princípios organizacionais de cada língua (os seus tempos verbais), de tal modo que o resultado seja um todo coerente. Depreender tais elementos e tais princípios é depreender a estrutura da língua responsável pelo sistema, pelo todo ordenado. Conhecer uma língua (saber idiomático) é ter o domínio consciente de sua estrutura. Mattoso Câmara tem uma obra, de publicação póstuma (1970), chamada *Estrutura da língua portuguesa*, em que ele objetivou justamente depreender, para se ter conhecimento dela, a rede de relações estruturais do português, tomado em sua variedade culta.

De modo que a solidariedade entre os elementos de uma estrutura idiomática (considerada em uma dada variedade) implica que eles sejam interdependentes. Portanto, cada unidade linguística, seja fônica ou significativa (respectivamente, fonemas ou morfemas, por exemplo), tem um valor próprio, absoluto, positivo, que a define, e um valor opositivo, relativo, que irá delimitar este valor. As unidades linguísticas não são apenas opositivas, como pareceu a Saussure. São opositivas apenas para delimitar o valor de cada uma, a ser depreendido, pois, de certas relações estruturais.

Consideremos, por exemplo, as formas verbais de passado *cantei*, *cantava* e *cantara*. Elas são interdependentes, ou seja, têm seu próprio valor, absoluto, que, por sua vez, será delimitado pelo valor de outras unidades com que estejam imediata ou mediatamente relacionadas. A forma verbal *cantei*, por exemplo, traduz um valor passado concluso; tal valor pode ser delimitado por oposição imediata às duas outras formas de passado existentes em português. Assim, a forma *cantava* já denota um valor passado, mas inconcluso,

4. Que é ter domínio de uma língua?

e *cantara*, ainda um valor passado, mas anterior ao de uma outra ação passada.

As noções de sistema (um todo organizado) e estrutura (as relações que garantem este todo organizado), base do estruturalismo, mostram-se assim de inegável validade pedagógica também. Em lugar de uma orientação atomística, como a da gramática chamada tradicional, em que o valor de cada forma verbal é definido isoladamente, por si mesmo, a abordagem da estrutura da língua se concentra, para a delimitação de formas, como já vimos, na oposição entre os valores próprios de cada uma delas.

No caso das formas modais, em português, contamos com as dos modos indicativo e subjuntivo. A identidade está em termos dois modos verbais, e a diferença fica patenteada através de enunciados em que a oposição de valor entre eles fique evidente (Afirmo que ela estuda x Duvido que ela estude, ou seja, uma oposição entre fato dado como certo x fato dado como incerto). O imperativo não constitui, a rigor, atualmente, um modo verbal, visto que as suas duas formas (canta e cantai) são de uso muito restrito, o que não significa a não ocorrência de frases imperativas com o verbo, no entanto, no subjuntivo.

A conclusão, pois, é que a língua, para Saussure, é um sistema de valores. Cada elemento linguístico vai, então, ter o seu valor depreendido na relação com outros. Por exemplo, qual o valor do -*a* em português? Pode ser de feminino em oposição à ausência dele em temas nominais: *aluna* e *aluno*. A identidade está presente, uma vez que a diferença entre as duas formas diz respeito à categoria gramatical de gênero. O -*a* também pode significar, ter o valor de presente do subjuntivo, quando unido a um radical verbal (deva), em oposição a -*sse* (cantasse), a -*r* (cantar), para ficarmos apenas em outros tempos do subjuntivo. Os elementos, como se vê, sempre definidos pelo valor no interior do sistema. Há quem fale, ao nos referirmos apenas a um sistema de uma língua, como o verbal, em sistematoide.

O ensino da língua certamente se tornará mais eficiente se houver da parte do professor a orientação fundamental de ir mostrando aos alunos que ela é um todo ordenado, não unidades soltas (daí, por exemplo, as relações gramaticais), que pode ser apreendido, em que cada elemento tem o seu valor delimitado através de identidades e de diferenças com outros elementos, no tocante aos fonemas, à gramática e ao léxico.

Assim, distinguimos os fonemas /t/ e /d/, que marcam uma oposição como entre *tela* e *dela*, sendo o primeiro surdo, o segundo sonoro. Esta diferença, porém, se constrói sobre uma identidade: ambos os fonemas são consoantes oclusivas dentais. No sistema gramatical, a oposição entre singular e plural (aluno x alunos) só pode ser depreendida porque entre os termos há uma identidade na noção manifestada pela categoria de número. Por fim, no sistema lexical, há uma nítida oposição entre *cão* e *gato*, dois termos que se identificam no campo semântico referente ao mundo animal.

Coseriu, em suas reflexões sobre a dicotomia saussuriana entre *língua* e *fala*, acrescentou um terceiro termo a ela, criando, portanto, uma tricotomia: a *norma*, conceito não voltado para o normativismo, mas para o descritivismo, que passou a pertencer ao mundo da Linguística. Já nos reportamos a este conceito de norma no capítulo anterior.

4. Que é ter domínio de uma língua?

Trata-se de um nível abstrato, por ser técnica virtual ainda, pois só a fala é concreta, técnica realizada, correspondendo a norma àquilo que se diz habitualmente num grupo, qualquer grupo, um modelo habitual de agir verbal, daí sua descrição não comportar preocupação normativa. Descrevem-se as ocorrências tais como se apresentam.

A língua, sistemática, é o nível de abstração em que as distinções são sempre funcionais (em português, /f/ x /v/, /s/ x /z/; singular x plural, indicativo x subjuntivo, voz ativa x voz passiva; baixo x alto, bonito x feio). No campo lexical, as relações estruturais podem requerer mais acurada análise, dado o número de itens que constituem os chamados campos semânticos (já uma estruturação), como, por exemplo, o pertinente a "lugar de habitação": moradia, residência, casa, domicílio, propriedade e lar seriam apenas alguns dos itens concernentes a tal campo semântico, e o significado de cada um deles deve ser precisado pelo princípio da oposição.

A língua, sistemática, de que só participam propriedades de valor funcional, opositivo, como se mostrou nos exemplos acima mencionados, contém ainda o conjunto de possibilidades de que se pode valer o falante como forma de conhecer e meio de se expressar.

Já a norma, tal como a conceituou Coseriu, é também sistemática, a constituir um todo estruturado, mas já resultante de uma escolha naquele conjunto de possibilidades; daí o seu caráter repetitivo, recorrente. Por este seu caráter consuetudinário, os elementos linguísticos que se manifestam na norma, além de manterem seu valor funcional, podem apresentar propriedades não necessariamente funcionais, mas simplesmente recorrentes. Ilustremos.

No plano fonológico do português, por exemplo, as consoantes nasais /m/ e /n/ têm um valor funcional ou distintivo, fato da língua ou do sistema, como preferia dizer Coseriu. Estas mesmas consoantes costumam se realizar também como sonoras, não havendo consoantes nasais surdas. Logo, tem-se aí já um fato de norma, pelo seu caráter repetitivo, mas não funcional. Claro que quando realizo tais consoantes como nasais, bilabial ou alveolar, tais realizações de valor funcional não deixam de pertencer também ao nível da norma, já que se mantêm em qualquer ocorrência da fala.

Em termos resumitivos: no sistema, valem as oposições funcionais; na norma, mantêm-se as oposições funcionais acrescidas de ocorrências meramente repetitivas, como a sonoridade das consoantes nasais em português.

No plano morfológico, os nomes terminados em -*ão* em português podem fazer o plural em -*ões*, -*ãos* e -*ães*. Dessas possibilidades oferecidas pelo sistema, a variedade culta da língua se vale ora de uma, ora de outra. Assim, temos *balões*, mas *irmãos* ou *cães*, correspondendo, então, a escolhas (normas) distintas. Saliente-se que, em certos casos, a norma pode optar por mais de uma possibilidade de realização, como acontece com o nome *ancião*, para cujo plural são admitidas, na variedade culta da língua, as formas *anciões*, *anciãos* e *anciães*.

É o sistema (como conjunto de possibilidades) que apresenta a condição de saber criativo, permitindo que o falante desrespeite a norma, fixada pelo uso. Graças ao afastamento do que habitualmente se diz é que a expressividade linguística se torna altamente elaborada na criação

4. Que é ter domínio de uma língua?

estética, como naquela passagem poética tão elucidativa de Manoel de Barros: "Porque eu não sou da informática/ eu sou da invencionática/ Só uso a palavra para compor meus silêncios." (Barros, 2003, IX)

Logo, ao se tratar, neste capítulo, do que é ter domínio de uma língua, não se pode omitir a informação de que tal saber pressupõe também a compreensão e a produção de termos criados com base em recursos linguísticos disponíveis no sistema da língua, mas não usuais na norma.

Em outras palavras: saber português não é só saber o que se diz (norma), mas saber também o que possa ser dito (com base nas possibilidades do sistema da língua). Pensando no ensino do português, este aspecto da competência idiomática é fundamental na leitura de textos literários, no seu objetivo precípuo de criação estética, razão da recorrência intencional do inusitado, do estranhamento tantas vezes causado aos leitores.

No plano sintático, no tocante à colocação dos pronomes átonos, o sistema da língua admite a próclise e a ênclise, que podem ser empregadas distintamente (normas) conforme a variedade linguística de que se vale, para atender, por exemplo, a uma situação mais formal ou mais informal de fala, ou mesmo admitindo ambas as variantes de realização em muitas ocorrências verbais, na própria variedade culta, em casos como "Ela se aproximou" ou "Ela aproximou-se". Com as formas de futuro, no entanto, a norma culta do português não acolhe a posição enclítica, daí empregos, não ocorrentes na fala do dia a dia, nem na escrita culta corrente, como "Esmagá-lo-ei" e "esmagá-lo-ia".

No plano lexical, ocorre distinção funcional, em português, através, por exemplo, de nomes de animais, como em cavalo/ égua, bode/ cabra, galo/ galinha, formas que opõem assim os sexos (e não os gêneros!) masculino e feminino, na designação destes nomes. Formas que já se opõem pelo gênero são menino x menina, doutor x doutora, mestre x mestra, pois nestes casos há um mecanismo gramatical responsável, pela distinção: a flexão nominal. A norma, no entanto, em relação a muitos outros nomes de animais, nem sempre mantém esta oposição entre sexos, ocorrendo apenas uma forma, masculina ou feminina, para denotar o animal (a baleia, a abelha, o besouro, o gavião).

Ao se distinguir, coseriamente, sistema e norma, deve-se enfatizar que cada língua comporta variedades de realização, mais numerosas, evidentemente, nas línguas utilizadas por comunidades mais complexas e bem diversificadas social e geograficamente, como é o caso do português, entre tantas outras. Cada variedade tem a sua própria norma (gramática e léxico), ou seja, escolha de possibilidades distintas oferecidas pelo sistema gramatical e léxico da língua. O português admite fazer a concordância nominal ou marcar o plural apenas no primeiro elemento flexionável em sintagmas nominais como *As alunas estudiosas* ou *As aluna estudiosa*. A primeira forma é a escolhida pela norma culta, a forma prestigiada socialmente, recomendada pelo ensino; a segunda, a opção de uma variedade adotada por falantes de baixa escolaridade.

Fique claro que, numa língua, há invariantes e variantes de realização. Temos variantes quando, valendo-nos da comutação — troca de uma forma linguística por outra em

4. Que é ter domínio de uma língua?

um par em que todas as unidades ocorrentes sejam iguais, menos uma –, a unidade idiomática permanece a mesma, ou seja, com o mesmo valor. Assim, na troca do -*e* (estude) por -*a* (vença), não se obtém uma alteração de significado gramatical (as duas formas, variantes de um mesmo morfema, traduzem o presente do subjuntivo).

Já as invariantes de realização ocorrem quando a troca de unidade, pela comutação, acarreta uma mudança de significado. Se confronto as formas *estudava* e *estudara*, constata-se que se muda o significado gramatical (dois morfemas distintos), uma vez que os significados traduzem tempos verbais diferentes, o pretérito imperfeito e o mais-que-perfeito, respectivamente. Cada morfema aqui é uma invariante de realização porque permanece com o seu significado próprio, uma vez processada a comutação.

No tocante às variantes de realização, importa esclarecer que elas se explicam, primeiro, por fatores internos ou estruturais da gramática de uma língua. Assim, temos em português morfes distintos (variantes de morfema) a denotarem um mesmo tempo e modo verbal, um mesmo significado, em -*e*/-*a* (estude/ vença), e em -*va*/-*a* (estudava/ vencia). Estudar a gramática de uma língua é também estudar os seus morfemas gramaticais e a distribuição dos seus morfes ou variantes de morfema, entendido este como a unidade mínima de significação.

Mas as variantes de realização, seja de fonemas, de morfemas, de itens lexicais, ou de construções sintáticas, podem também ser explicadas por fatores externos à língua. Tal fator é muitas vezes de natureza geográfica, mormente em um país como o nosso, de dimensões continentais.

As vogais pretônicas /e/ e /o/, por exemplo, soam abertas numa boa área do nordeste brasileiro (leveza e formoso), contrastando com o som fechado das mesmas vogais no nosso sudeste. Mas fatores de ordem social contribuem bem mais, no território linguístico brasileiro, como base para a alternância de variantes de uma mesma unidade ou construção do português, mais claramente ao se oporem variedade culta e variedade popular.

No campo fônico, coexistem no sistema da língua formas como óculos/ oclos, xícara/ xicra, lâmpada/ lampa, edifício/ edifiço, estátua/ estauta, e tantas outras. No campo da flexão nominal e verbal, há ocorrências conhecidas de variantes, como degraus/ degrais, difíceis/ dificis, quando eu fizer/ quando eu fazer, quando eu quiser/ quando eu querer... No campo sintático, a concordância nominal e verbal é atuante para distinguir um falante culto de um iletrado: alunas estudiosas/ alunas estudiosa, eles foram/ eles foi, nós estudamos/ nós estuda ou a gente estuda/ a gente estudamos...

Então já se falou que qualquer língua é um sistema, um conjunto ordenado de unidades, que se definem umas em relação às outras através de identidades e diferenças. Vale dizer, elas se apresentam solidárias entre si. Mas tais unidades, além do valor funcional (menino x menina ou ancião x anciã para oposição funcional de gênero), se realizam na fala concreta também como unidades manifestadas segundo certa tradição, resultante de uma escolha (norma) feita dentre as possibilidades oferecidas pelo sistema da língua. Daí as formas distintas de feminino em português menina, anciã, leoa, avó. Então, a oposição entre menina

4. Que é ter domínio de uma língua?

e anciã não é funcional (ambas são formas de feminino, a oposição é apenas de norma, ou seja, de escolhas diferentes oferecidas pela gramática portuguesa para a formação do feminino de nomes).

Explicitou-se também que uma língua apresenta, num plano temporal considerado "estático", variedades geográficas ou sociais de realização de uma forma, de uma construção e de termos lexicais diferentes (neste último caso, por exemplo, como sinal e semáforo na linguagem de trânsito, variação atestada no confronto entre regiões distintas). Portanto, saber uma língua requer também o reconhecimento sobretudo das variedades sincrônicas, não o domínio ativo de todas elas.

Uma língua está sujeita também, como objeto histórico, a um processo de constante mudança no tempo ("fremosa senhor" das cantigas medievais a contrastar com "formosa senhora" de nossos dias). Têm-se, neste caso, variedades diacrônicas, que são documentadas em planos temporais distintos, no eixo das sucessividades, opondo-se às sincrônicas, como as anteriormente exemplificadas, que ocorrem num mesmo plano temporal ou no eixo das simultaneidades. A variação e a mudança são, pois, dois outros objetos teóricos da Linguística contemporânea, que serão abordados em novos capítulos.

Importa reconhecer, reforçando o já dito, que qualquer língua comporta o estudo dos três níveis em que são estruturadas, o dos fonemas, o da gramática e o do léxico. Mas o saber idiomático abarca ainda, já ficou explícito, o conhecimento das variedades internas ou externas de uma língua, sincrônicas e diacrônicas, estas últimas, quando se cogita de um conhecimento bem abrangente do idioma.

Acrescentemos ainda, em relação ao estudo do campo do saber idiomático, o que Coseriu (1980:100-110) chama de "discurso repetido", compreendendo "tudo o que, no falar de uma comunidade, se repete tal e qual, como discurso já produzido ou combinação mais ou menos fixa, como fragmento, longo ou curto, do "já falado".

Lembremos como ilustrações do "discurso repetido" os provérbios e locuções fixas, pertencentes a variedades distintas da língua ("Chover no molhado" ou "Ler nas entrelinhas": a primeira mais popular, a segunda mais do uso culto). Em "o bom cearense" tem-se um fato de técnica livre (podemos intercalar termos, "o bom e ilustre cearense", por exemplo), o mesmo não se pode dizer de "o bom samaritano", pois se trata de uma combinação já existente como tal.

O discurso repetido pode ser também de "citação", tomada de partes de textos literários ou não, conhecidos como tais. "E agora, José?", verso célebre de Drummond, repetido mesmo na linguagem do dia a dia. Diversos trechos camonianos são ainda hoje lembrados em discursos literários ou não, escritos ou orais, de brasileiros escolarizados: "cesse tudo o que antiga musa canta", "outro valor mais alto se alevanta" ou "por mares nunca dantes navegados". Para outros tipos de discurso repetido: Coseriu (1980:108-110).

O léxico, tem, sabidamente, em qualquer língua, uma organização bem mais complexa do que a da gramática, pois compreende um número de unidades bem maior, constituindo mesmo um sistema ou inventário aberto, por possibilitar sempre o acolhimento de novos elementos ou itens, para traduzirem as necessidades culturais que uma sociedade vai acolhendo. Compare-se o volume de uma

4. Que é ter domínio de uma língua?

gramática, seja qual for a orientação teórica adotada, com o de um dicionário.

A organização lexical de uma língua costuma ser focalizada através da sua estruturação em campos semânticos, ou seja, através de conjuntos de unidades que guardam entre si um componente significativo comum. Assim, os nomes de cor, em português, se prestam a um estudo interessante de campo semântico, registradas as várias palavras compostas que foram e têm sido criadas neste campo (como verde-oliva, amarelo-ouro, vermelho-sangue). O estudo de certo campo semântico de uma língua não vai coincidir com o de outra língua, pois a apreensão do mundo real, através de esquemas cognitivos, nunca é exatamente a mesma, ainda que em línguas próximas, pela sua origem comum, pelas culturas afins que manifestam, como, no caso do português, o espanhol ou o francês.

Nem todas as palavras vão pertencer ao léxico de uma língua, advirta-se, mas somente aquelas cuja significação se dirige para a realidade, para o mundo das *res*, que o falante conhece e faz conhecer a outros, através das formas linguísticas. Em outros termos: farão parte do léxico de uma língua as palavras que contenham uma representação mais ou menos definida de algo da realidade, não apenas evidentemente objetos concretos, mas também os existentes ou pensados como existentes: fadas, gnomos, dragões, encantamento etc. (Carvalho, 1983:198-203)

Tomemos um texto para constatarmos quais das entidades linguísticas que o compõem, mesmo que fossem tomadas isoladamente, fora de qualquer contexto, significam um objeto do mundo real ou pensado como tal:

Cliquei o botão do controle remoto da televisão e me vi dentro de um enorme templo, completamente lotado. O pregador dizia aos fiéis: "A dúvida é a principal arma do diabo". (Alves, 2011:74)

Não é difícil a este propósito separarmos as palavras cliquei (clicar), botão, controle, remoto, televisão, vi (ver), enorme, templo, completamente (completo), lotado, pregador, dizia (dizer), fiéis (fiel), dúvida, principal, arma e diabo. Já as palavras o, do, da, e, me, de, um, aos apresentam algo de muito diverso na significação em relação à das primeiras citadas, mostrando-se muito mais vaga e imprecisa: afinal, que significam o, e, de?

> Nada disso se passa com as palavras do segundo grupo, às quais nem directa nem indirectamente correspondem quaisquer objetos do mundo real, embora sem dúvida signifiquem algo em relação com, e em função da representação desses mesmos objectos. (Carvalho, 1983:201)

Às palavras do primeiro grupo, nomes e verbos, além dos advérbios de modo, as que constituem o léxico de uma língua, diz-se que elas têm uma significação objetiva ou lexical; já às do segundo grupo, uma significação gramatical. Uma preposição ou uma conjunção, fique claro, não são desprovidas de significado, têm um significado, um significado gramatical, relacional, pela função de conectores que desempenham, a que se costuma acrescentar um valor semântico contextual. Assim, em "caneta de Pedro", ao conector "de" um valor de posse, já em "quando saí, chovia" ao conector "quando", um valor de tempo.

As palavras de uma parte considerável do léxico comum, que se opõem ao das palavras das linguagens especiais, como as das linguagens técnicas, podem ter, além da sua configuração representativa intelectual, o seu núcleo, podemos assim dizer, outras representações, já de caráter emotivo e volitivo, como que circundando esse núcleo, formando em torno dele uma zona significativa mais ou menos definida. Ao núcleo intelectual do significado é que se dá o nome de denotação; e dá-se o nome de conotação a essa margem emotiva-volitiva que o envolve.

De sorte que a conotação é como que um acréscimo de um novo conteúdo a uma palavra denotada. Não é qualquer novo significado que pode ser acrescentado ao signo denotado. É preciso que, entre um significado 1 e um significado 2, haja uma relação. Assim, ao ler ou ouvir a frase "A minha cabeça parecia um galinheiro", a palavra cabeça não denota apenas um órgão do ser humano em que se armazenam ideias, mas também destaca um lugar em que as ideias (como as galinhas) se misturavam, numa confusão própria de galinheiros.

Observe-se que esta zona marginal em torno de um núcleo intelectivo pode ser puramente subjetiva, ocorrendo apenas para uma pessoa da comunidade, que atribui, em função de suas experiências vitais, uma carga valorativa ao objeto denotado. Isto se dá frequentemente com falantes de qualquer grupo social, que procuram evitar então o emprego desta ou daquela palavra representativa destes objetos denotados. Um falante pode evitar, por exemplo, o emprego da palavra "trovão", já que ela lhe evoca uma vivência muito desagradável (de medo ou pânico) por que passou. Mas o interesse da Linguística, do estudo da linguagem, se volta naturalmente para as palavras cuja zona emotiva-volitiva marginal (conotação) é comum a todos os membros da comunidade. De certo que é nestas ocorrências que se pode e se deve falar em conotação. Numerosos são os exemplos em que palavras se distinguem semanticamente pela conotação, como nos pares lexicais lábio/beiço e enfadonho/cacete, em que o segundo termo carreia um nítido matiz de "termo de uso grosseiro", em oposição ao primeiro do mesmo par. Pode-se dizer mesmo que, em tais casos de uso grosseiro, a conotação chega a preponderar. Fica a denotação quase reduzida a zero em palavras injuriosas, como idiota, parvo, cretino, patife, e tantas outras,

> ...que não significam tanto uma qualidade objetiva realmente existente no sujeito a que se aplicam, como a atitude emotiva (e volitiva, naturalmente) que perante ele assume o sujeito que as profere. (Carvalho, 1983, v. I:168-9)

Inversamente, há também numerosas palavras em que a conotação pode não ocorrer ou se apresentar quase ausente, como se dá com unidades lexicais de emprego corrente, como prato, estante, dente ou joelho. É claro que isto não é impeditivo que a palavras tais se agregue um conteúdo emotivo para certo falante em dadas circunstâncias. Porém, tal conteúdo emotivo será individual e, assim, meramente subjetivo.

4. Que é ter domínio de uma língua?

Se as línguas são comuns a todos os homens, natural que elas apresentem ainda outras propriedades universais, não importando o nível cultural da comunidade a que sirvam: uma língua que documente uma rica literatura ou uma língua de um agrupamento social de iletrados.

Já enfatizamos neste capítulo que uma língua é um todo organizado ou um sistema, ou seja, em que as unidades se definem, ou têm seu valor definido, umas em relação às outras, na base de oposições e correlações. Salientamos também que a língua, em qualquer de suas variedades, é uma norma, uma escolha dentre as possibilidades de um sistema linguístico, um uso recorrente.

Esta norma pode não ser seguida em enunciados com intentos expressivos, mormente com os estéticos. Vimos também que as línguas comportam variações no tempo (diacrônicas) e num mesmo momento temporal (sincrônicas). Por comportar variações no tempo, qualquer sistema linguístico está em processo de constante mudança, como todo objeto histórico. A variação e a mudança linguística merecerão capítulos especiais nesta *Iniciação*. Ainda se esclareceu que toda língua tem uma gramática (descritiva, com ou sem intento normativo) e um léxico, responsáveis pela sua organização ou estrutura. Da gramática, como uma disciplina que se distingue do léxico, vamos cuidar detidamente no próximo capítulo.

As línguas, porém, têm ainda outras propriedades que não podem ser deixadas de lado no estudo e no ensino delas. Comecemos por destacar a que organiza as suas unidades em distintos planos: planos paradigmático e sintagmático e planos fônico e significativo.

Falemos dos primeiros. Em todo ato verbal, as unidades linguísticas ocorrentes estão sujeitas a dois tipos de relações. As que pertencem a um eixo de seleção, por se dar, a cada passo de um enunciado, uma escolha entre as possibilidades oferecidas pelo sistema linguístico, e as que pertencem a um eixo de combinação, por se encadearem no contínuo expressional, unidas umas às outras, segundo regras de cada língua. Saussure se valeu das expressões latinas "in absentia" (em ausência) e "in praesentia" (em presença) para caracterizar, respectivamente, estes dois tipos de relação.

Explicitando mais. Se considerarmos o enunciado "As mãos ternas são extensões do olhar", podemos afirmar que cada uma das formas (palavras), em que ele imediatamente é analisável, faz parte de um inventário de unidades, no qual se encontra unida a outras formas (no caso, palavras) não realizadas, não atualmente presentes no enunciado, mas presentes neste inventário, com as quais a forma ocorrente neste ato verbal transcrito apresenta relações de forma e valor ou função. Assim, a palavra *ternas* está ligada a muitas outras, como as que seriam capazes de ocupar o seu lugar no enunciado citado, palavras do mesmo campo semântico, desempenhando todas elas a função adjetiva: delicadas, meigas, carinhosas... A unidade ternas se relaciona ainda com outras formas e significados parcialmente comuns: ternura, ternamente, além evidentemente com terna, ternos e terna. Já a palavra verbal *são* do mesmo enunciado se relaciona com outras formas, especialmente com as que poderiam ocupar seu lugar funcional na sequência (As mãos ternas constituem, formam... extensões do olhar) e também com as demais formas conjugáveis do verbo ser

4. Que é ter domínio de uma língua?

(as várias formas de um verbo estão, na verdade, sempre relacionadas através do que se chama conjugação, "in absentia"). Por fim, se tomarmos a palavra inicial ainda do mesmo enunciado, *as*, ela estará relacionada com outras funcionalmente equivalentes (no caso, função de determinante) como umas, os, estas, algumas, minhas...

A todas estas relações ("in absentia") exemplificadas acima, fundadas nas semelhanças de forma ou de função entre as unidades, atribui-se a denominação de relações paradigmáticas. Chamaremos então de paradigma a todo conjunto de formas linguísticas associadas por um traço linguístico permanente, como o denominador comum de todas elas, seja correlacionando-as, seja opondo-as. As formas, "oferecendo qualquer coisa de comum, se associam na memória e assim se constituem grupos, dentro dos quais reinam relações que podem ser das mais diversas" (Saussure, 1970:143), como os exemplos aqui apresentados evidenciam. Assim, numa sequência verbal, toda forma se define por essas correlações e oposições latentes "numa série mnemônica virtual", na expressão do próprio Saussure (ibid.).

Na nossa gramática escolar, costuma-se ainda chamar só a atenção para os paradigmas flexionais: cada palavra por meio do mecanismo flexional se presta às mais variadas funções, enquadrando-se em determinadas categorias gramaticais, como as de gênero e número. Em português, como é sabido, o verbo é a palavra que ostenta maior flexionalismo, através das chamadas conjugações. Então, podemos caracterizar o plano paradigmático, de que falamos acima, como o conjunto de formas dispostas ou que se associam num paradigma.

Cabe, por fim, a indagação: as unidades fônicas, como os fonemas, se organizam também em paradigmas? Evidente que sim. Ilustrando: seja o fonema /t/, no sistema fônico do português: uma consoante oclusiva dental surda. De imediato, ele constitui um pequeno paradigma com apenas /d/, uma dental sonora. Pertencem ao mesmo paradigma pela correlação (oclusivas dentais) e pela oposição entre eles (sonoridade): tela/dela, cata/cada. A seguir, o mesmo fonema /t/ integra-se em outro paradigma já mais extenso, que vai abranger as consoantes /f/, /v/, labiodentais, mas, como as anteriores, oclusivas (fala/vala), e ainda /k/, /g/, consoantes velares, mas também oclusivas (cata/gata). Estas seis consoantes oclusivas constituem então um paradigma em português: o paradigma das consoantes oclusivas.

Saliente-se que o fonema /t/, que se considerou logo de início, pertence a um paradigma mais amplo ainda, formado por todos aqueles fonemas que são assilábicos, ou seja, que não ocorrem como ápices de sílaba, incluindo-se então aí as semivogais /y/ e /w/ (foi, vendeu). Desta maneira, as consoantes e as semivogais exercem, na constituição das sílabas, uma mesma função, a de fonemas que não aparecem como núcleo de uma sílaba. Por fim, o fonema /t/ será membro de um paradigma mais abrangente, que é o do paradigma do português das consoantes e, por fim, dos fonemas desta língua.

As unidades linguísticas podem, contudo, se apresentar ligadas por outro tipo de relação, já no eixo da combinação, isto é, "in praesentia". Em qualquer texto, as unidades agora ocorrem sucessivamente, relacionando-se assim umas após as outras, segundo regras próprias de cada língua.

4. Que é ter domínio de uma língua?

Consideremos o enunciado "Quem tem vida interior jamais está sozinho". Está claro que as unidades (fônicas e significativas) dispostas neste outro plano, em razão justamente das relações que as unem, vão constituir uma unidade única mais extensa. No caso, deve-se considerar, por exemplo, a relação entre quem e tem (sujeito e predicado), entre tem e vida interior (verbo, núcleo do predicado, e objeto direto), decomponível ainda a unidade "vida interior" na relação entre vida e interior (núcleo do objeto direto e um adjunto deste); mesmo a unidade "sozinho" é analisável nos morfemas sozinh- e -o etc.

As unidades fônicas também aparecem relacionadas na extensão de qualquer enunciado. Em /vida/, contamos com duas sílabas, cada uma, por sua vez, constituída de dois fonemas. A relação entre unidades "in praesentia" obedece igualmente a regras de cada língua. Em português, entre as unidades portadoras de um significado, o morfema modo-temporal, por exemplo, sempre antecede o de número-pessoal (cantávamos); entre as unidades fônicas, o fonema /r/ pode constituir um grupo consonantal como segundo elemento apenas quando antecedido de uma consoante oclusiva (fraco, três, dragão...).

Estas relações de uma unidade com outra na análise de uma de maior extensão são chamadas de relações sintagmáticas (associativas para Saussure). Daremos o nome de sintagma a toda combinação de unidades linguísticas decomponível ou analisável em unidades menores. Deste modo, teremos um sintagma em "Quem tem vida interior jamais está sozinho" (sintagma superoracional), e também nas unidades menores, como em palavras: "sozinho" (sozinh- e -o, um sintagma lexical). Os sintagmas lexicais ocorrem, então, em palavras com flexão (aluna, mares), ou com derivação (beleza, armamento). Ainda tem sintagma em nível oracional ("Quem tem vida" no período citado na p. 115), em que a relação sintagmática se estabelece entre o predicado e o sujeito. Por fim, em nível superoracional (penso que vou), em que a relação sintagmática se faz presente na relação entre as duas orações do período.

Muitos linguistas entendem o sintagma como um conjugado binário em que duas formas estabelecem entre si uma relação de subordinação. Assim, em "vida interior", tem-se um termo subordinado "interior" e um termo subordinante "vida"; em "sozinho", um termo subordinado "-o" e um termo subordinante "sozinh-". Em "sairei logo que ele chegue", o termo subordinado é evidentemente a oração "logo que ele chegue".

Pode-se considerar como uma sequência, não como um sintagma, a combinação de termos coordenados, desde a que se dá entre palavras (Pedro e o seu amigo) até a que ocorre entre orações (irei hoje e voltarei amanhã). Pode-se considerar a análise linguística como a depreensão de sintagmas, do mais extenso ao sintagma lexical, e também como a separação em sequências, através da coordenação. Em "Pedro e o seu amigo viajaram" se registra a sequência "Pedro e o seu amigo" num sintagma oracional; já em "Pedro viajou e seu irmão não o acompanhou" se tem a sequência, a coordenação, entre duas orações.

Jakobson (1975:130), em suas considerações sobre a função poética (de que já tratamos, a outro propósito, no capítulo "Para que serve a linguagem?"), enfatiza que o critério linguístico empírico da função poética nos enunciados verbais reside nos dois modos básicos de arranjo utilizados no comportamento verbal: seleção e combinação. Para ele, então, "A função poética projeta o princípio de equivalência do eixo de seleção sobre o eixo de combinação". (1969:130) Ela não está presente apenas na poesia, nem a poesia se reduz à função poética, o que se configuraria "uma simplificação excessiva e redutora". Ela ocorre, por exemplo, em certos textos publicitários, sem ser a prevalente, contudo. Só em textos poéticos (literários, abrangentemente), o pendor para a mensagem está voltado para ela própria como tal.

O enfoque da mensagem por ela própria vai exigir, ainda nas palavras de Jakobson, "consideração minuciosa da linguagem", na qual, na verdade, se situa o poético. Os eixos da seleção e da combinação das unidades linguísticas devem ser então pensados em termos de um comportamento verbal que valorize a própria mensagem.

O nosso Drummond, no seu conhecido e estudado poema "Procura da poesia", a começar do título, traduz muito expressivamente a preocupação de qualquer poeta:

> Penetra surdamente no reino das palavras. Lá estão os poemas que esperam ser transcritos. (...) Chega mais perto e contempla as palavras./ Cada uma tem mil faces secretas sob a face neutra/ e te pergunta, sem interesse pela resposta, pobre ou terrível/ que lhe deres:/ Trouxeste a chave? (Drummond, 1956:29-30)

Situar o poético no nível da linguagem, valorizando-a, pois, é também (não só!) saber valer-se de recursos linguísticos vários, que fogem frequentemente do esperado, do repetido, do automático, na busca do novo, do inusitado, princípio da criatividade na língua. Em suma, "uma percepção nova da palavra, que lhe reinstaura a densidade semântica". (Correia, 2002:16-17) Ainda no texto de Correia, mencionado já no segundo capítulo, e a que voltamos a nos reportar: fazer poesia consiste em "lutar com as palavras"... em manejá-las de forma específica, atualizando suas virtualidades expressivas, combinando-as com tal eficácia que elas adquirem plenitude de significação. "Poesia define-se, portanto, como operação combinatória de palavras e configuração de uma forma." (id. 15) Claro está que a "operação combinatória de palavras", com uma finalidade expressivo-estética, pressupõe seleção, escolha, de unidades pertencentes a paradigmas inesperados para uma combinação discursiva, libertando assim a palavra de suas associações usuais. Eis o princípio da criatividade na língua. Exemplo dos mais sugestivos encontra-se ainda em Correia (id. 25), ao citar um poema ("Nos áureos tempos") de Drummond: "os jardins da gripe /os bondes do tédio/ as lojas do pranto", causando um forte estranhamento ao leitor, ao apelar o poeta para este jogo concreto/abstrato, apoiado ainda no paralelismo morfossintático, que serve para valorizar mais ainda o que já por si é valioso: as imagens surpreendentes (p. 25).

Passemos a considerar agora os dois outros planos de que, um pouco acima, falamos, presentes na ordenação das unidades linguísticas em qualquer língua, e independentes dos dois planos sobre os quais acabamos de mostrar. Estes dois novos planos são os planos fônico e o significativo.

4. Que é ter domínio de uma língua?

Como fundamenta Carvalho (1984, t. II:417), a distinção essencial entre os dois se assenta na natureza instrumental do sinal que é o significante. Um sinal instrumental é um sinal externo, constituído por objetos materiais que, para funcionarem como sinais, precisam primeiro serem apreendidos enquanto objetos, coisas.

São sinais instrumentais, entre muitos a serem mencionados, o sinal vermelho, que significa "passagem proibida", ou certa impressão olfativa, que nos remete ao perfume de uma flor e, da mesma maneira, o vocábulo "abelha", que significa determinado animal. Ora, é desta dupla perspectiva, ou enfoque, em que o significante pode ser focalizado como objeto material, físico, e como sinal, a nos reportar ao significado, estabelecendo, deste modo, uma relação significativa, que se assenta a distinção entre os planos fônico e o significativo. Examinemos de mais perto tal distinção.

Na primeira perspectiva, o significante linguístico se apresenta como uma coisa mesmo, como uma coisa física, objeto material, sempre igual em suas variadas ocorrências, analisável em unidades menores, também objetos materiais, que são as sílabas, os fonemas, e estes últimos em propriedades fônicas (nasais, oclusivas, dentais...). Assim, o objeto sonoro /kaza/ pode ser decomposto em sílabas /ka/ e /za/ e cada uma destas é analisável em dois fonemas: /k/ /a/ e /z/ /a/. Sem cogitarmos aqui das propriedades de cada um destes fonemas.

Na segunda perspectiva, o significante como sinal deve ser considerado em sua configuração total, apto, pois, a funcionar significativamente, ou seja, associado a um significado determinado.

Por isso, em razão desta dupla perspectiva, como coisa e como sinal, o significante linguístico pode ser como que repartido. É como coisa que estaremos orientando o significante para o plano fônico e, igualmente, as suas partes materiais menores (sílabas, fonemas etc.). Como coisas, não há como os significantes se reportarem a um significado. Pensando nas disciplinas linguísticas, temos a Fonética e a Fonologia (Fonética Funcional) como objetos de estudo pertencentes ao plano fônico da linguagem. Pode-se falar ainda num sistema fônico, como um conjunto ordenado das unidades pertencentes a este plano.

Tomado já o significante como sinal, que se reporta a um significado, o que passa a importar é o valor significativo específico, isto é, a relação significativa que une um significante a um significado, e este, por sua vez, em sua relação com a realidade: o significante /viziña/ unido ao significado "tipo de morador de um imóvel", que se reporta a determinado objeto real.

As unidades significativas são a frase, a palavra e o morfema, e as disciplinas que as estudam são a Lexicologia (estudo do léxico), a Gramática (estudo das regras estruturais ou de organização de uma língua), a Semântica (estudo dos valores semânticos) e a Estilística (estudo dos valores expressivos). Muitos linguistas costumam incluir a Fonologia (estudo dos sons com valor funcional ou fonemas), mas não a Fonética (estudo dos sons da fala) na Gramática, já que os fonemas também integram a organização de toda língua.

Carvalho (1986, II:421, nota de rodapé 10) se detém em uma propriedade considerada comum a todas as línguas, que é a chamada dupla articulação da linguagem, conceito lançado pelo linguista francês Martinet, presente em mais de uma de suas obras, como em *La linguistique synchronique* (1965:1-35). Trata-se de um conceito adotado por muitos linguistas até hoje.

Segundo Martinet, uma unidade linguística como, em português, "vizinha" está sujeita a uma dupla articulação. A primeira diz respeito às unidades significativas, no caso, vizinh- e -a, ou seja, a unidade palavra decomposta em duas unidades menores significativas, os morfemas, cada uma com o seu significante, como sinal, e o seu significado. A segunda articulação já abrange as unidades fônicas; no caso, o significante se apresenta como um vocábulo fônico, analisável em unidades fônicas menores, as sílabas e os fonemas. Vê-se, pois, que as duas análises (dos planos fônico e significativo) não coincidem, só fortuitamente. Um morfema e uma sílaba não têm de coincidir: o morfema vizinh- contém duas sílabas mais um fonema de outra sílaba: já em -a, temos um morfema menor do que a sílaba em que ocorre.

Carvalho, no entanto, critica este conceito do termo tradicional de dupla articulação da linguagem. Para ele, na verdade, seria mais justo falar de articulação (e de uma só) a respeito da linha de juntura dos dois planos, isto é, aí onde o plano fônico se liga (subordinando-se) ao plano significativo.

Na continuação, Carvalho salienta que essa fronteira ou linha de juntura atravessa o significante. Este como que se divide em duas partes, cada uma situada em seu plano. De todo equivocada, pois, a análise de um texto que siga ininterruptamente desde a frase até o fonema (frase, palavra, morfema, sílaba e fonema), sem se dar conta de que as duas últimas unidades destacadas são de natureza diversa das unidades palavras, por exemplo.

Ressalte-se que as unidades linguísticas, fônicas ou significativas, são unidades discretas, isto é, distintas umas das outras, segmentáveis, isoláveis.

Qualquer língua apresenta ainda outra propriedade essencial para o seu funcionamento: a recursividade. Graças a tal propriedade, pode a língua comportar um número ilimitado de enunciados, com um número limitado de fonemas e de morfemas gramaticais (que se opõem aos lexicais), distinção que, como vimos, se aplica também às unidades palavras acarretando a oposição entre inventário fechado (palavras gramaticais) e inventário aberto (palavras lexicais).

Em português, na cadeia fônica, muitas combinações de fonemas, sabemos, podem ocorrer (pr, tr, dr, br) e outras, não (*sr, *sl, *mn, por exemplo, não ocorrem). Quantas palavras contamos na língua com os grupos consonantais que podem ser documentados! Entre as unidades significativas, é atestável, na estrutura do verbo, que os morfemas modo--temporais e número-pessoais se repetem na conjugação de qualquer verbo.

A formação de novas palavras pelo processo da derivação atesta muito expressivamente a propriedade recursiva patente na organização da língua (ler-reler-releitura, capaz-incapaz-capacitar). Quantas vezes empregamos cada palavra gramatical, como uma preposição, ou mesmo uma palavra de significação objetiva, verbo ou nome, em enunciados inteiramente distintos?

Uma última propriedade das línguas a ser salientada aqui é a de comportar redundâncias obrigatórias. Em português,

4. Que é ter domínio de uma língua?

na variedade culta, a redundância, ou seja, mais de um meio para expressar uma mesma noção, é frequente, por exemplo, nos níveis morfológico e sintático. Assim, em "As alunas são atentas", a indicação de plural se faz presente quatro vezes; já na forma "formosa", o gênero feminino apresenta duas indicações: o morfema -a e o timbre aberto da vogal tônica, em oposição ao timbre fechado da forma masculina.

Cremos ter fornecido uma ideia geral, não perdendo de vista tratar-se esta obra de uma iniciação à Linguística, de que o estudo do saber idiomático envolve o conhecimento de fundamentos essenciais da Linguística, com que se poderá alcançar uma compreensão suficientemente esclarecedora dos mecanismos que regem a organização e o funcionamento de qualquer língua.

O capítulo seguinte abordará o estudo da Gramática, estudo que, a rigor, deve ser abordado ao se tratar do objeto língua. Mas, considerada a importância desta disciplina no estudo e no ensino deste objeto, vamos tratá-la em capítulo especial, o seguinte.

5. E o saber gramatical? Que vem a ser?

A gramática pertence ao domínio da língua, ao saber idiomático. Dedicou-se um capítulo próprio a ela, não só por ser a responsável maior, ao lado do léxico, pela organização e funcionamento de qualquer língua, com seus planos paradigmático e sintagmático, mas também por ser um conceito de que se valem os falantes, sem em geral o perceberem, em preocupações distintas, ao intentarem, por exemplo, obter avaliações ("como eu falei, está correto, dentro da gramática?") ou esclarecer dúvidas classificatórias ("qual o processo de formação desta palavra?"). No caso das avaliações, uma preocupação de ordem normativa *sobre* a língua, portanto metalinguística; no das indagações, uma dúvida descritiva sobre uma estrutura da língua, logo metalinguística também, porque *sobre* a língua. É, assim, a gramática – que não se reduz ao saber sobre ela, como se verá –, a área do campo idiomático de que a maioria dos falantes já pelo menos ouviu falar.

Sem dúvida, a gramática teve tradicionalmente entre nós o papel central ao se tratar da linguagem, mesmo em relação a outras línguas, como o latim. Não nos esqueçamos das polêmicas entre nossos principais gramáticos na primeira metade do século passado. A mais famosa foi a que se travou entre o jurista e político Rui Barbosa e o gramático e o seu antigo professor Ernesto Carneiro Ribeiro, a propósito da revisão, de que foi incumbido o segundo, do Projeto de Redação do Código Civil, que mereceu críticas do primeiro, com direito à réplica e tréplica. Até hoje tal polêmica é ainda estudada.

De longa data, desde o século XIX, a tradição do ensino da Língua Portuguesa no Brasil é ter estado sempre mais concentrado nos conteúdos gramaticais, muitas vezes em meras questiúnculas, situação que persiste até, certo ponto, nos dias atuais, apesar das duras críticas que passou a receber, nas últimas décadas, dada a sua improdutividade para a formação de leitores e produtores textuais competentes, e apesar do desenvolvimento, sob enfoques diversos, que passa a receber o estudo do texto nas últimas décadas.

Não se pode negar que a representação de gramática como um instrumento capaz de distinguir entre os que falam bem a língua e os que a falam mal (= não sabem português), de gramática normativa, portanto, ainda tem enorme peso em nossa sociedade e em nosso ensino do vernáculo. Não sem razão, pois, encontramos com falantes, de diferentes segmentos sociais, ávidos por indagar de um profissional qual, por exemplo, a concordância ou a regência correta em casos concretos. Logo, um saber gramatical sobre a língua.

5. E o saber gramatical? Que vem a ser?

Nesta representação de gramática, como instrução para o como dever agir linguisticamente, transparece ainda, muito presente no ensino, a preocupação com a metalinguagem constituída de termos técnicos, com a classificação como um fim em si mesmo, com a análise de unidades ou mecanismos ocorrentes em enunciados: qual a função sintática desta palavra?; qual a classificação desta oração ou qual a classe gramatical desta unidade?; qual o complemento nominal ou qual a oração subordinada substantiva objetiva indireta presente neste texto?

Isto sem falar, durante muito tempo, nas controvérsias terminológicas entre as gramáticas e entre os próprios manuais didáticos. Chega o ensino, em muitas salas de aula, a fazer prevalecer a metalinguagem sobre a linguagem como atividade livre e finalística, numa inversão descabida, num desvirtuamento do objetivo central que a gramática pode ter para o usuário de uma língua, confundindo-se, assim, a linguagem e a metalinguagem, ou seja, respectivamente, o domínio concreto, finalístico do idioma, em que se vale sempre de recursos gramaticais, e o domínio sobre este saber prático, frequentemente limitado ainda, repisando, ao saber se valer de uma nomenclatura técnica.

De modo que, quando Alves (2011:79) escreve "Tudo estava verde – com exceção das quaresmeiras, roxas", ele se vale da linguagem, do seu saber prático, que requer domínio dos recursos da língua; já quando nos propomos a analisar tal enunciado, estaremos recorrendo à metalinguagem: "verde" exerce a função de predicativo, "com exceção de" é uma locução prepositiva, por exemplo.

Estamos, então, atribuindo o prestígio alcançado pela gramática na sociedade e na grande atenção a ela dedicada no ensino da língua a esta sua propalada capacidade, como que atribuída só a ela!, de distinguir um falante que sabe a língua, domina a prática do saber gramatical, de outro que dela tem um conhecimento mais ou menos precário, a ponto de às vezes se chegar à avaliação de que Fulano fala "sem gramática", ou seja, sem domínio da gramática dos que mostram sabê-la.

Contanto que o normativismo, ressalte-se, de que estamos falando por ora a respeito da gramática, não se apresente como radical, como uma camisa de força, estigmatizando, por exemplo, formas e construções do uso mais corrente, do dia a dia, da língua utilizada em circunstâncias diversas e mesmo aquelas caracterizadoras de um uso idiomático de falantes sem escolaridade, utilizadas em seu próprio "habitat", não há por que, insistindo, se ficar bradando contra o normativismo, e suprimi-lo do ensino.

O importante é considerá-lo de forma esclarecida, para que sua ação não venha a ser prejudicial à educação linguística dos alunos, que deve visar sempre, já se adiantou, à formação de leitores e produtores textuais proficientes, para tal não estimulando preconceitos no tocante às regras pertinentes a diversas variedades linguísticas utilizadas numa mesma comunidade. Os que são considerados falantes de "um português certo" são os que se valem de uma variedade linguística que desfruta de maior prestígio cultural, pois serve para as comunicações mais elaboradas da vida social, como já se adiantou no primeiro capítulo desta obra.

O ensino normativo deve ser entendido então como o ensino desta variedade, sem fomentar, assim, a ideia equivocada, mas forte socialmente, de que qualquer texto

5. E o saber gramatical? Que vem a ser?

que contém construções não documentadas pela gramática normativa é um mau texto, embora traduza, muitas vezes, um relato eficaz, com os elementos necessários para torná-lo bem-sucedido em sua intenção comunicativa. Sobre o ensino de gramática, a que nos reportaremos sucintamente neste capítulo, escrevemos uma obra a ele dedicada: *O ensino de gramática: caminhos e descaminhos*. (Uchôa, 2. ed, 2016)

Observe-se que uma gramática normativa também descreve uma e só uma variedade da língua, e evidentemente com uma preocupação didática, de ordem prática, o que a distingue de uma gramática descritiva propriamente, que pode ter como objeto de estudo qualquer variedade linguística, e sem outro objetivo que não seja o de conhecer por conhecer. A descrição numa gramática normativa se faz presente ao distinguir classes de palavra, processos de formação de palavras, orações coordenadas de subordinadas, obedecendo a um mundo conceitual.

Como qualquer obra normativa, por encerrar um juízo de valor, uma gramática normativa, como já se salientou, não pertence à ciência da linguagem, podendo ser uma obra de linguística aplicada: aplicação de uma pesquisa para um fim prático, como o ensino de língua. Se uma gramática normativa não é, pois, uma obra científica, isto não significa que, para sua elaboração, não se valha o gramático de fundamentos científicos, como a escolha criteriosa de um *corpus* a ser analisado, a precisão na formulação de regras, um suporte teórico que se sustente ao longo da descrição.

Com o surgimento da Linguística moderna, a partir de Saussure, há um acentuado e crescente interesse de se considerar a gramática descritiva: a língua como um sistema de regras, não mais prescritivas, mas que *descrevam* as estruturas e as regularidades desta língua, ou, mais precisamente, de uma norma ou variedade desta língua. Descrever rigorosamente o escrito ou dito. Ressalte-se ainda que no domínio da gramática descritiva continuamos no domínio da metalinguagem, que se identifica sempre com o saber sobre a prática linguística.

Esta descrição – a Linguística é uma ciência e, como tal, estudo abrangente – foi se ampliando para a fala de pessoas sem domínio da escrita e para línguas ágrafas, aquela e estas a exibirem sempre as regularidades e mecanismos que possibilitam a existência do arcabouço de uma gramática. Não se pense que uma língua sem escrita sofra a falta de uma organização gramatical que possibilite uma descrição, como se procede em relação a outras línguas que têm um sistema de escrita. Nela vamos encontrar estruturas simples e estruturas complexas, como em toda língua.

Imagine-se um falante que só conheça o vocabulário, de certa língua; ele não estará habilitado a falar tal língua, porque lhe faltará o saber gramatical, prático, desta língua, que é o que permitirá que a combinação de palavras de um enunciado alcance um sentido. Uma descrição científica não está, repise-se, associada a uma finalidade prática, como o descrever a fala de uma comunidade de semianalfabetos, para se ter, como resultado, uma gramática descritiva, cujas regras são seguidas pelos falantes desta comunidade.

Com as considerações até aqui feitas sobre gramática, já contamos com elementos que nos encaminham para uma definição dela, como obra descritiva, sem esquecermos a

5. E o saber gramatical? Que vem a ser?

tradicional de Saussure, ainda citada hoje em dia, num enfoque claramente descritivo: estudo de uma língua examinada como "sistema de meios de expressão", e fortemente crítico em relação ao tradicional normativismo:

> ...desprovido de qualquer visão científica e desinteressada da própria língua; visa unicamente a formular regras para distinguir as formas corretas das incorretas; é uma disciplina normativa, muita afastada da pura observação e cujo ponto de vista é forçosamente estreito. (Saussure, 1970:7)

Explicitando mais a definição sucinta de Saussure de gramática descritiva, pode-se afirmar que ela tem como objeto de estudo (logo um saber gramatical sobre este objeto) o sistema de regras de qualquer variedade de uma língua que garante as estruturas e regularidades desta, que vai dar sentido a um texto, considerado sempre o intento comunicativo do autor. Ressalte-se que a regularidade é a propriedade mais surpreendente de um sistema linguístico.

Consideremos um fragmento de texto para evidenciar o papel relevante, imprescindível, da gramática na organização dele:

> ...Hoje não há razões para otimismo. Hoje só é possível ter esperança. Esperança é o oposto de otimismo. Otimismo é quando, sendo primavera do lado de fora, nasce a primavera do lado de dentro. Esperança é quando, sendo seca absoluta do lado de fora, continuam as fontes a borbulhar dentro do coração." (Alves, 2011:73)

O autor intenta, neste texto, enaltecer o sentimento da esperança, valendo-se sobretudo de oposições em relação ao sentimento de otimismo: "Esperança é o oposto do otimismo" (além "do lado de fora" x "do lado de dentro", "seca absoluta" x "As fontes a borbulhar dentro do coração"). As duas palavras se tornam as básicas do texto pela sua recorrência em oposição. As aspas presentes, no texto, com exceção das ocorrentes em "Esperança é o oposto do otimismo", são indicativas de uma citação, servindo para esta para reforçar, valorizar, a posição assumida pelo narrador (argumento de autoridade). Consegue o autor garantir assim a coerência do que escreveu, sem o que o seu texto não passaria de um mero amontoado de palavras, e, deste modo, deixaria de ser um texto.

Evidentemente que todos os elementos que ocorrem no texto citado são necessários para a sua construção. O que dele seria se contasse apenas com as palavras lexicais, portadoras de significação externa ou referencial, como haver, razão, otimismo, ser, possível, ter, esperança, oposto, primavera, nascer, seca, absoluto, continuar, fonte, borbulhar, coração? Claro, não teríamos um texto, pois careceria de um sentido, não logrando o autor o seu objetivo comunicativo. Fica, assim, comprovado que sem as regularidades da gramática do português, ou de qualquer língua, não se constrói qualquer texto.

As regularidades presentes no fragmento de texto citado são evidentes, a começar pela ordem na combinação das palavras. Assim, em "Hoje só é possível ter esperança", o simples deslocamento de "só" alteraria o sentido textual: "Só hoje é possível ter esperança". Mas outras combinações tornariam o enunciado agramatical, vale dizer, não condizente com as regras sequenciais do português, como em "esperança hoje possível ter só é". As formas das unidades ocorrentes, indicadoras, por exemplo, de categorias gramaticais, não podem ser livremente escolhidas: "hoje só era possível...", com a forma verbal no imperfeito. Da mesma maneira em "continuam as fontes a borbulhar", as fontes, e não os fontes ou a fontes; em "Esperança é o oposto do otimismo", o artigo deve preceder sempre o substantivo, mesmo em combinações com uma preposição (do), como deve usar a forma o, antes de otimismo, e não a. Todas estas observações já pertencem a uma gramática descritiva.

Repise-se, pois, que o arcabouço organizacional da gramática de uma língua é garantido pela propriedade essencial da regularidade, ou seja, pelo fato de as palavras e as sequências de palavras usadas pelos falantes de uma língua estarem sujeitas a regras que eles conhecem, o que não se aplica evidentemente apenas à chamada norma culta, mas a qualquer norma, ainda que os falantes não saibam explicitá-las, mesmo no tocante à variedade culta, com o que já estaríamos entrando no terreno descritivo. Ou metalinguístico.

Azeredo (2006:124-125), sustentando que a gramática é o lugar das regularidades da língua, apresenta a seguinte definição de gramática descritiva:

> O conjunto dos processos que regulam a correspondência entre as formas linguísticas e os respectivos significados (transparência) constitui a gramática de uma língua. A gramática é responsável, portanto, por uma parte do significado dos enunciados – aquele que resulta dos meios pelos quais

as unidades portadoras de significado se combinam para construir as frases.

Ilustrando: "Os amigos perceberam a minha preocupação". O sentido deste enunciado pode ser apreendido como produto da composição dos significados lexicais ou referenciais dos dois substantivos e do verbo nele ocorrentes e também dos significados ou valores expressos pelo sistema gramatical; no caso, as flexões de número e de gênero de "amigos" e Ø (zero) seria flexão de número de "preocupação", por serem substantivos; a flexão de número, pessoa, tempo e modo de "perceberam", por ser verbo; a ocorrência de palavras gramaticais, pertencentes a um inventário fechado, no caso, as formas de artigo *os* e *a*, flexionadas em gênero e número, da mesma maneira que a forma do pronome possessivo "minha". A registrar ainda a disposição das unidades no enunciado, como os artigos precedendo os substantivos, em concordância nominal com estes, processo gramatical da norma culta da língua, como ainda a que se dá entre a forma verbal e a forma do sujeito.

Observe-se que, numa variedade popular do português, não ocorre o processo da concordância nominal e verbal; contudo, não se perderia o sentido do enunciado de que nos valemos, pois a concordância se apresenta como um mecanismo gramatical redundante: "os amigos" (redundância na indicação de gênero e número) e "os amigos perceberam" (redundância na indicação de número e pessoa).

A gramática descritiva, já foi explicado, visa então a investigar e assim a documentar qualquer variedade de uma língua, sem se prender a nenhum critério de correção,

5. E o saber gramatical? Que vem a ser?

atendo-se a informar as diferentes maneiras de como se diz em certa comunidade linguística, por exemplo, as diversas maneiras de expressar, em português, a relação de causa e consequência entre orações. Para tal mister, ela se apoia em modelos teóricos distintos: estruturalismo, gerativismo, funcionalismo... Tem-se, pois, aqui a descrição de um mesmo objeto (a gramática de uma variedade linguística de certo idioma), podendo ser pautada por modelos teóricos diferentes.

Tratando-se de gramática descritiva se estará sempre no nível histórico, ou idiomático, da linguagem, da mesma maneira que a gramática normativa em seu intento de sistematizar o como se deve dizer segundo certa norma de conduta linguística que se escolheu como padrão, como já explicitamos no primeiro capítulo deste livro.

Vários linguistas, ao tratarem dos conceitos de gramática, costumam fixar-se mais, o que vem sido seguido por muitos professores de Português, nesta distinção entre gramática normativa e gramática descritiva; vários outros falam ainda, como que opondo a estas duas, em gramática internalizada. (Possenti, 1996:69-72) Já sabemos, no entanto, que a gramática normativa é também descritiva e que ambas se situam no nível histórico da linguagem.

Ao nos preocuparmos com os conceitos de gramática, a oposição fundamental, na verdade, a se considerar não é entre gramática normativa e gramática descritiva, mas sim entre gramática-objeto e gramática como metalinguagem (Coseriu, 1978:130), ou seja,

...como técnica de falar, precisamente, como a técnica livre e de validade geral (...) correspondente a uma língua determinada, que se põe em prática ao falar sobre "a realidade" já organizada mediante as "palavras" da mesma língua (= gramática como dada na linguagem mesmo: "gramática-objeto" ou GRAMÁTICA 1) e como a descrição ou investigação desta técnica (= gramática como metalinguagem ou GRAMÁTICA 2). (Tradução nossa.)

E prossegue Coseriu, ao esclarecer o âmbito destas duas gramáticas, como objeto de descrição e a própria descrição deste objeto, distinção que não se pode perder de vista:

...Como tal, a gramática inclui exclusivamente as (ou se refere exclusivamente às) operações e combinações da língua que vão além da estruturação primária ("léxica") da realidade extralinguística (...) Por outro lado, abarca os dois sentidos, tanto as estruturas materiais como as funções da língua que correspondem à técnica em questão. (Tradução nossa.)

Constata-se que Coseriu não inclui a Fonologia (estudo dos fonemas de uma língua) como uma disciplina do campo gramatical, posição que não é adotada por vários linguistas. Para ele, como para Carvalho, a gramática seria objeto de estudo ou de descrição apenas em relação às unidades do plano significativo.

A gramática é, então, primariamente, o agir linguístico do falante, que mostra o domínio da língua, ao menos de uma de suas variedades (objeto passível de descrição), ou a gramática é o estudo descritivo deste objeto, deste agir, tornando-se uma gramática normativa, quando tiver seu autor um intento didático, preconizando o como deve ser

5. E o saber gramatical? Que vem a ser?

dito. Algumas considerações sobre estes dois conceitos de gramática (G1 e G2) se mostram presentes também entre nós, por exemplo, em Franchi (1987:42), autor de uma observação bem elucidativa, quando afirma que "explicitação formal do caráter abstrato e geral desse saber" se refere à gramática como descrição ou metalinguagem:

> ...Antes de ser um livro de etiquetas sociais ou um manual descritivo, a gramática é, de início, esse saber linguístico que todo falante possui, em um elevado grau de domínio e perfeição. Em um segundo plano, a explicitação formal do caráter abstrato e geral desse saber.

A gramática como objeto pressupõe evidentemente um saber interiorizado, manifestado no falar. A criança, ao ingressar na escola, já domina, já tem internalizadas estruturas complexas, próprias de sua origem regional e de seu nível social. Ao proferir uma frase simples como "Pai, posso i brincá di tarde em casa do colega?", vale-se de vários recursos gramaticais sofisticados, como ordem das palavras, flexão verbal e nominal, emprego de conectores, entoação ascendente, na construção deste breve enunciado.

Então, este conhecimento faz parte de sua gramática-objeto, objeto que pode ser analisado, com o que já se estará no âmbito da gramática como metalinguagem, entendendo por esta qualquer observação descritiva, ou normativa, sobre o enunciado mencionado. Assim, um comentário simples como "a forma 'i' atesta uma forma verbal" já é do domínio da metalinguagem. O fato de estruturas serem consideradas como incorretas nesta frase já será do domínio de uma gramática normativa, mas, de qualquer modo, de uma gramática como metalinguagem.

O que é almejado pelo ensino, para que os alunos tenham uma participação mais ativa na sociedade, é que eles venham a ter sua competência comunicativa ampliada gradativamente, graças também, pois, à sua gramática-objeto ou internalizada desenvolvida, possibilitando-lhes uma manifestação linguística adequada a diversas circunstâncias, portanto própria de um cidadão com uma maior esfera de atuação na sociedade.

Para tal, os "erros escolares" devem merecer dos professores uma fundamentação linguística condizente, que justifique o mais das vezes tais "erros" como hábitos idiomáticos arraigados do dialeto de origem dos alunos, hábitos ou usos que devem ser aos poucos confrontados com os da norma mais prestigiada socialmente. Não há fonte mais válida de informação sobre o saber linguístico, logo sobre o saber gramatical, de um usuário de qualquer língua que o material por ele mesmo produzido.

O conjunto de regras que o falante domina, na fase de aquisição da língua, é de enorme importância especialmente para condução do ensino, se o professor não resolver apenas e imediatamente se ater à correção ou à substituição de formas ocorrentes desde os primeiros textos produzidos na escola. Conhecer e, mais, tentar o professor entender o porquê do emprego de tais formas é de grande valia. O entendimento sobre a língua (metalinguístico) é do professor. Assim, muitas crianças costumam se valer de formas verbais como "eu sabo", "eu cabo", "eu fazi", "ele iu", e outras.

5. E o saber gramatical? Que vem a ser?

Ante tais formas, não deveria faltar ao professor de Português a compreensão destas ocorrências. As crianças aprendem regras de conjugação verbal por elas mesmas. Aplicando-as é que produzem as formas mencionadas, tipicamente regularizadoras de padrões "irregulares" (sei, caibo, fiz, foi), ainda que, num momento anterior, possam chegar a empregar as formas regulares. Contudo, mesmo ao utilizarem, o que acontece, formas "erradas" num segundo estágio, tal fato resultaria ainda da aplicação das regras criadas na base da analogia. Há um período de transição. De qualquer modo, longe se estará ante casos de crianças problemáticas no uso da língua. (Possenti, 1996:71)

Outras ocorrências costumam integrar a gramática--objeto de crianças e adultos pertencentes a grupos sociais mais humildes: por exemplo, uma forma como "meu fio" (filho). Ao aprenderem na escola que a forma "correta"é "filho", à maneira de palhaço, velho, etc., tendo elas e eles assimilado a regra existente na passagem de um dialeto para outro, podem até vir a generalizar essa regra, e falarão, então, expressões como "telha da aranha" (e não "teia") ou "a pilha do banheiro" ("pia").

Em ocorrências como estas, tem-se um caso típico de hipercorreção, ou seja, a generalização de uma regra, mesmo em formas em que esta não se aplica. Exemplos tais, que focalizam a fase de mudança de dialeto, servem para reforçar a tese da formação das regras da gramática-objeto de muitas crianças, através de uma aprendizagem autônoma, o que não é impeditivo de esclarecimentos por parte do professorado, em explicações acessíveis.

Acompanhando, pois, a atividade linguística, oral e escrita, dos alunos, que deve ser constante em sala de aula, o professorado terá condições de ir delineando

> ...o levantamento de um perfil sociolinguístico dos alunos, o que servirá de subsídio para a elaboração de estratégias pedagógicas e de material didático adequado. (Bortoni-Ricardo, 2005:59)

Com base numa pesquisa, Lemle (1978:65-86) elenca características do português falado no Rio de Janeiro por usuários de baixa escolaridade, pertencentes a um nível socioeconômico mais carente. Valendo-me de alguns traços idiomáticos registrados, certamente encontrados com constância na fala e na escrita de crianças de tal nível que frequentam atualmente a escola, vamos apresentar algumas das conclusões a que chegou Lemle, que podem e devem ser trabalhadas com ênfase pelos professores, como exemplos de comprovada divergência interdialetal, com frequência presentes nas salas de aula, traços que são de parte da gramática-objeto dos alunos com o perfil socio-escolar explicitado.

No campo fônico, selecionamos formas com supressão fônica, como cosca, abobra; arvre e ocos; lamda e bebo; ou com metástase, como tauba e estauta, entre outras que marcam uma tendência na fala popular, pelo menos na do Rio de Janeiro, embora a redução fonética, como mostra a responsável pela pesquisa, possa não atingir igualmente todos os itens lexicais, na dependência de contextos fonéticos mais delimitados, como em lábio e alívio.

5. E o saber gramatical? Que vem a ser?

Em muitas outras ocorrências, registradas pela pesquisa de Lemle, é preciso observar que as formas documentadas reproduzem uma pronúncia na fala geral dos usuários do Rio de Janeiro, ao menos, e de todos os segmentos sociais, como bejo ou loco, sem que o problema ortográfico vá ser descurado. O mesmo se dá com a supressão do /r/, tão observável nos infinitivos verbais, já habitual mesmo na fala culta coloquial. Grafias como quejo, toro e estimá, que não deixam de causar um sentimento de repulsa dos professores, sobretudo em textos de alunos de séries avançadas, remetem a pronúncias já não estigmatizadas, ao contrário das ocorrentes cosca, bebo e arvre, estas sim tipicamente populares.

A passagem de *l* a *r* depois de consoante (crube, framengo) merece um comentário à parte, pelo que pudemos observar junto a alguns colegas. Na fase inicial do ensino, a tendência é querer que os alunos aprendam logo a fixar uma grafia como clube, embora eles continuem a dizer crube, de acordo com a realidade de seu dialeto. Não é, evidentemente, a grafia clube evidência de uma pronúncia fiel à escrita. E se poderia estender tal comentário a muitos outros traços linguísticos orais, ou seja, uma preocupação primeira e maior com a grafia, o que frequentemente não traduz ainda uma mudança dialetal. A educação linguística põe em relevo a necessidade do domínio da pronúncia culta, a ser adquirida gradualmente pela imitação da fala do professor e pela prática supervisionada dele. Mais importante, pois, que os alunos sejam levados, antes de mais nada, a dizer clube, para só depois se ter a expectativa de que passem a escrever clube, com uma forma gráfica condizente com a realidade oral.

No campo morfossintático, a pesquisa de Lemle aponta para diferenças importantes entre as variedades popular (objeto da pesquisa) e a culta, como, entre outras, o processamento das concordâncias nominal e verbal. Na concordância verbal, a pesquisadora explicita que, entre outras variáveis a serem consideradas, como a da posição do nome ou do pronome sujeito relativamente ao verbo, a variável morfológica (maior ou menor grau de saliência fônica da oposição entre a forma verbal do singular e a do plural), que pode favorecer ou não, entre os falantes do segmento social mais carente, a aplicação da regra preconizada pela gramática da norma culta. Deste modo, os verbos tidos como regulares, com menor grau de saliência fônica (come-comem-; fala-falam; parte-partem), são os que se apresentam menos favoráveis à regra da norma culta.

Pensamos ter deixado claro a importância de considerar no ensino da língua, ainda mais, porém não só, na sua fase inicial, a gramática-objeto dos alunos, a se manifestar em suas produções orais e escritas, propiciando aos professores a consciência das formas e construções em que eles devem mais insistir, em oportunidades didaticamente pertinentes, confrontadas, sempre que possível, com as formas e construções correspondentes da norma culta, numa orientação de ensino, pois, bem distinta da forte preocupação corretiva, ainda tantas vezes prevalente entre nós.

Ora, a educação linguística põe em relevo a necessidade de que deve ser respeitado o saber linguístico prévio de cada um, garantindo-lhe o curso na intercomunicação social, mas também não lhe furta o direito de ampliar, enriquecer e variar esse patrimônio inicial. (Bechara, 1985:11-12)

5. E o saber gramatical? Que vem a ser?

Não tem nenhuma fundamentação linguístico-social, pois, a afirmação de que o que importa é estudar a língua que se fala, na verdade, um reducionismo grave. Deve-se, ao contrário, enfatizar o estudo da língua que se pode falar. Afinal, a finalidade do ensino deve ser o manejo reflexivo, por parte do alunado, tanto do já sabido sim, mas também do que pode vir a aprender, outras possibilidades de expressão que ainda não domina.

Abramos um parêntese para uma observação importante. A gramática, como a língua, comporta, além do saber linguístico (o saber agir linguisticamente) e do saber metalinguístico (o saber sobre a língua), um terceiro nível de saber, que tem sido chamado de saber epilinguístico. Entre nós, Franchi (2006) e Geraldi (1996), por exemplo, reconhecem este terceiro nível. Este último linguista afirma que atividades epilinguísticas são caracterizadoras de um saber que

> ...tomando as próprias expressões usadas por objeto, suspendem o tratamento do tema a que se dedicam os interlocutores para refletir sobre os recursos expressivos que estão usando. Seriam operações que se manifestariam nas negociações de sentido, em hesitações, em autocorreções, reelaborações, rasuras, pausas longas, repetições, antecipações, lapsos, etc. e que estão sempre presentes nas atividades verbais. (1996:24)

Assim, num exemplo bem simples, uma vez escrito "Antigamente, a gente já falava muito mal da educação no Brasil", o próprio autor da frase, algo insatisfeito com esta, se propõe a lhe modificar: "antigamente" fica muito vago e "a gente" soa por demais corrente. Vou preferir empregar, diz mentalmente, "há algum tempo" e "muitos educadores já falavam mal". Esta reelaboração da frase se constitui em uma atividade epilinguística.

Deste modo, este saber epilinguístico torna-se responsável pela ampliação do saber linguístico, livre e finalístico, de um falante.

Já no capítulo anterior deste livro, procuramos mostrar que gramática e léxico são campos distintos do saber idiomático. No entanto, é preciso reconhecer que o léxico tem implicações na sintaxe da frase, na medida em que os itens lexicais exigem uma determinada estrutura gramatical e não outra, como a presença ou não de um complemento preposicionado. Assim,

> ...para empregar a palavra "falar" é necessário saber o que ela significa, por um lado, e, por outro, saber o que ela significa tem a ver também com exigir que este verbo tenha um sujeito de tal tipo, complemento(s) de outro tipo etc.
> (Possenti, 1996:70)

Desta maneira, em "Carlos saiu da sala" e "Carlos saiu satisfeito", estamos ante duas estruturas (ou regras) gramaticais distintas, exigidas pelos dois sentidos do verbo "sair": uma ação e um estado, respectivamente. No primeiro exemplo, a acepção do verbo (palavra lexical) exige um complemento que denote o movimento de um lugar para outro; no segundo, um nome a traduzir o estado de alguém em certo momento. À gramática-objeto de certo falante cabe, pois, ir ordenando, organizando, através de unidades

5. E o saber gramatical? Que vem a ser?

próprias (como o uso do artigo a e da preposição de, a antecederem o nome de um lugar "sala") e de procedimentos (como o da concordância nominal "Carlos satisfeito"), as palavras lexicais que vão ocorrendo no texto, sempre de acordo com o intento comunicativo do falante.

Fica claro, pois, que o saber linguístico é um saber prático, um saber agir com os recursos da língua que o falante domina; o saber metalinguístico é um saber científico; por fim, o saber epilinguístico fica como entre estes saberes: um saber que já revela certo domínio do saber linguístico, possibilitando, por exemplo, ao falante indagar a explicação de uma palavra ou, diria sobretudo, auxiliá-lo na tarefa de revisão do seu próprio texto, com a finalidade principal de torná-lo mais condizente com o seu propósito comunicativo, suprimindo repetições, lapsos, ambiguidades...

Então, finalizando estas considerações sobre a gramática-objeto, na verdade, a gramática necessariamente presente em qualquer enunciado de qualquer língua, seja ele oral ou escrito, pode-se constatar a pertinência de adotar uma orientação linguístico-pedagógica que leve os alunos a refletir sobre o já sabido (dominado), para aprender, em seguida, valendo-se, sempre que possível, da gramática contrastiva entre as duas variedades (a popular e a escrita culta), regras que não sabem, que ainda não fazem parte de sua gramática-objeto, até virem a se a utilizar destas como norma, em situações próprias, com a ampliação do domínio dos recursos gramaticais da língua.

A gramática é então, antes de mais nada, enfatizando o já dito, a G1, isto é, utilização de regularidades gramaticais, não importa a norma de que se valha, desde os enunciados mais simples, constituídos por uma só unidade léxica, como no caso de "Socorro!", proferido por uma pessoa numa situação de pânico (escolha de um nome, e não de um verbo, e uma entoação ascendente), até as relações entre períodos.

A gramática como metalinguagem, a G2, é a descrição, a técnica descritiva de uma gramática-objeto, assentada esta descrição numa teoria linguística, assumindo uma feição normativa, quando há um intento de como se deve dizer, daí a preocupação com a correção. Com a gramática descritiva (ou gramática como metalinguagem) passamos da linguagem primária para a metalinguagem, de uma gramática presente na fala de qualquer usuário para uma gramática objeto de estudo, de investigação, por parte de um profissional do campo da linguagem, dotado de um conhecimento científico específico, que pode vir a ser dominado, em boa parte, por um leigo, que manifeste especial interesse por tal estudo.

O ensino descritivo entre nós se processa ainda muito através de memorização de termos técnicos (dos conectivos, por exemplo), o que leva os estudantes a classificações automatizadas, constituindo, com frequência, o saber metalinguístico deles, o que traduz, em geral, leitura pouco atenta à diversidade dos recursos idiomáticos do texto. Em suma, um ensino que sistematiza a mecanização da palavra. Não reside aí, longe disso, o valor da descrição gramatical.

Vemos na gramática descritiva um instrumento de grande validade para uma iniciação científica do estudo da língua, a ser utilizado para o objetivo básico de o falante vir a compreender um aspecto tão fundamental do universo social em que vivemos, ou seja, um arcabouço de

5. E o saber gramatical? Que vem a ser?

cuja organização devemos gradativamente ter consciência, sobretudo por um ensino da língua eficiente, embora se saiba que a maioria dos usuários de uma língua não costume pensar quase sobre ela e não esteja acostumada a tê-la como foco de atenção, a não ser nas situações de estudo e em situações em que a utilização de uma palavra ou de uma construção lhe pareça de emprego duvidoso. Como bem explicitou o linguista italiano Pagliaro (1967:300-1), sobre o valor humano, formativo, da gramática:

> Conduz a mente a refletir sobre uma das criações mais maravilhosas do homem: a conhecer a estrutura e o funcionamento de signos dos quais se serve para objetivar e aclarar ante si mesmo e os outros o conteúdo de sua consciência.

Não se deve, de forma alguma, passar para a consciência dos falantes a ideia de que a gramática é uma criação arbitrária, e já pronta; ao contrário, a orientação que deve prevalecer é a de que a gramática tem assento na própria linguagem viva, não só, pois, num texto escrito, mas que está presente igualmente nos textos orais do dia a dia de todos nós. Realmente, a ideia da gramática como pronta parece prevalecer na sociedade, cabendo apenas a um gramático ou a um professor ditar determinado número de regras, as quais também são, por numerosos falantes, tidas como imutáveis no tempo. Estamos, deste modo, ante uma visão dogmática e estática da gramática, logo, afastada do conhecimento científico.

Para reverter, em parte e gradativamente, tal visão, o papel do professor de Português tem a sua contribuição a dar, abrindo um caminho provavelmente mais interessante e motivador para que seus alunos, ao menos parte deles, se tornem mais propensos a olhar a sua língua como um todo organizado, sujeita a regras, observando-a em suas manifestações concretas, uma palavra ou construção que seja, mesmo fora do espaço da sala de aula, incentivando-os a formular regras, mesmo que não sejam da variedade culta.

Não poderão, deste modo, interessar-se mais por estudar a gramática, se forem estimulados também a fazer gramática? Com efeito, eis um caminho, eis um estímulo à observação, a pesquisas incipientes, no intuito de depreender uma regra, portanto, de os alunos exercitarem a independência de seu pensamento, desvencilhando-se da concepção de que a formulação das regras gramaticais está pronta e acabada nos livros e nas cabeças dos professores.

A gramática dá sim espaço para se falar de pesquisa em sala de aula. De certo que os "momentos de pesquisa" nas aulas exigem toda uma mudança na formação do professor, como ter assimilado a ideia de que estudar (e, pois, ensinar) gramática não é simplesmente conhecer o que os gramáticos mais conceituados disseram. Afinal, a atividade linguística, e, assim, a gramática-objeto que por ela se manifesta, está sempre presente, em todos os lugares e momentos, aberta, desta maneira, à possibilidade de pesquisa, desde o início da vida escolar. Esta pesquisa, sempre com a orientação do professor, deve possibilitar inclusive a descoberta de construções alternativas para uma oração causal, por exemplo, em português.

Por que não dar ao aluno, então, a oportunidade de descobrir a sua capacidade de pesquisa e reflexão num terreno

5. E o saber gramatical? Que vem a ser?

como o da linguagem, cujo ensino, em geral, mormente o da gramática, se apresenta como autoritário, com a formulação de regras de valor não questionável? Pesquisar e refletir sobre os recursos gramaticais de uma língua, delineando aos poucos o arcabouço em que eles se organizam, serão certamente atividades de maior validade e interesse para os alunos do que a improdutiva repetição automatizada de regras e classificações.

Com o desenvolvimento dos estudos gramaticais, o campo de investigação dessa área se estendeu desde a unidade menor significativa que é o morfema àquelas funções idiomáticas que vão além dos limites dos períodos, como os procedimentos anafóricos ou formas de conexão entre eles, ultrapassando, deste modo, a área de estudo da gramática tradicional, de origem greco-latina, do estruturalismo e do gerativismo, que não focalizam as relações entre os períodos.

Se se deixarem de fora as relações interfrásticas (entre frases), o estudo gramatical cometerá o equívoco de querer explicar como fenômenos internos apenas ao período muitos fatos da língua que na verdade dizem respeito à estruturação de enunciados mais amplos, ou seja, que abrangem mais de um período. Assim, na nossa tradição gramatical, os pronomes isto, isso e aquilo são apresentados como demonstrativos neutros. No entanto, o uso certamente mais comum deles tem a ver com textos, em geral, com função anafórica. Tomemos o seguinte exemplo:

> Soube, ontem, que você irá ocupar um alto cargo na empresa e que está de mudança para uma casa próxima de seu local de trabalho. Se isso me entristeceu, já que somos vizinhos

há tantos anos, aquilo me deixou muito contente. (Koch; Travaglia, 1989:42)

A análise, no exemplo acima, do isso e aquilo como meramente demonstrativos neutros é redutora. A função principal de tais formas pronominais é a anafórica, referência, no caso, a frases do período anterior, com o que se estabelece conexão entre os dois períodos do texto acima citado.

Os morfemas, unidades mínimas significativas, podem, de início, ser distinguidos, já salientamos, entre os que são portadores de uma significação referencial (também chamados de lexemas por alguns linguistas) e os que têm uma significação gramatical. Menin-, louv- e numerosas outras formas mínimas são morfemas lexicais, por se reportarem ao mundo cultural, ao passo que -a (de menina) ou -o (de gosto, de gostar) são morfemas gramaticais. Estes últimos veiculam categorias gramaticais diversas, como as de gênero e número, nos nomes, ou de número e pessoa, nos verbos. Teremos, então, morfemas flexionais. Quanto à forma, eles podem se apresentar em português como aditivos (menin -a), de longe os mais frequentes na língua; subtrativos (ré em face de réu); alternativos (avó em face de avô); zero (a ausência de qualquer morfema aditivo, como em livro em face de livros).

Os morfemas gramaticais podem ainda contribuir para a formação de novas palavras como em pedr-eiro, lev-eza, armam-(e)nto, re-nascer, flore-scer, através de prefixos ou sufixos, em português, ou de prefixo ou sufixo simultaneamente como em a-madure-cer, en-torpe-cer. São os morfemas derivacionais.

5. E o saber gramatical? Que vem a ser?

Uma indagação que não pode deixar de ser feita no tocante ao estudo da gramática concerne às suas disciplinas. Na verdade, que objetos de reflexão ela comporta? Os linguistas frequentemente divergem no estabelecimento destes objetos e, pois, das disciplinas gramaticais. Preferimos neste livro de iniciação optar por uma divisão mais consensual.

Desta maneira é que começamos por insistir no fundamento da distinção tradicional entre morfologia e sintaxe. A primeira procura descrever e explicar a relação entre forma e significado das unidades "palavras"; a segunda já intenta descrever e explicar a relação entre forma e significado das unidades "orações".

Azeredo (2008:127-8) sustenta que o

> ...objeto próprio da morfologia é a estrutura mórfica da palavra quando a considerarmos de um ponto de vista estritamente paradigmático (...), compreendendo os conceitos de afixo, radical, vogal temática, tema, desinência.

A propósito da disciplina morfossintaxe, muito mencionada em nossas gramáticas, justifica sua adoção de maneira adequada. Explica ele:

> a forma da palavra também é sensível aos fenômenos sintáticos, através de uma relação puramente gramatical, de natureza sintática, como é a concordância. É justamente às variações de forma da palavra (flexões) devidas às condições sintáticas de seu emprego na frase que dizem respeito à morfossintaxe.

Mas a morfologia, como ficou conceituada, pode também dizer respeito a fatos do léxico, como os ligados à formação de palavras (derivação e composição). As gramáticas passaram a incluir o estudo de tais fatos no estudo do léxico (Azeredo, 2008 e Perini, 1995), e não mais da morfologia. A lexicologia é uma outra disciplina pertencente ao plano significativo das línguas.

Depois de nos ter estendido sobre os dois conceitos fundamentais de gramática — gramática como o saber se utilizar das regras de uma língua, em uma de suas variedades, e gramática como o estudo deste saber —, voltemos a focalizar os três níveis da linguagem preconizados por Coseriu (1980: 91-100), já abordados nesta obra, ao firmarmos o conceito de competência linguística: o universal, o histórico e o individual. A cada um destes três níveis, vamos ter também, no âmbito do estudo da gramática, três níveis de estudo.

No tocante ao nível universal, há a gramática geral ou teórica; no nível histórico, a gramática descritiva, fundamentada em modelos teóricos diferentes (gramática estrutural, gerativa, funcional...); por fim, em relação ao nível individual, procede-se à análise linguística de um texto.

Vamos focalizar mais detidamente estes três níveis gramaticais. Para começar, uma breve elucidação sobre eles. Cabe a uma gramática teórica (uma teoria científica é, em princípio, universal) fundamentar uma teoria gramatical, cujo propósito consiste em definir as chamadas partes da oração, as categorias, as funções e os procedimentos gramaticais. O que é um nome, um verbo ou um pronome, como definir as categorias de modo ou aspecto, como caracterizar os processos de coordenação e subordinação... Todas estas

5. E o saber gramatical? Que vem a ser?

tarefas, no âmbito conceitual, são tarefas, entre outras, de uma gramática geral ou teórica.

No âmbito da gramática descritiva, é que se irá dizer se certa categoria se acha ou não representada numa língua e, em caso afirmativo, precisar-lhe as formas de expressá-la e as funções que podem desempenhar. De modo que é inteiramente equivocado querer definir, por exemplo, a categoria de tempo com base apenas no português ou em outra qualquer língua. A definição de tempo verbal terá de ser a mesma para o português, para o inglês..., mas a descrição, não a definição, do tempo verbal é bem distinta nas duas línguas mencionadas. Na descrição do português, o que se vai encontrar em qualquer gramática é a indicação dos tempos verbais com que ele conta, cada um com a sua marca formal (um morfema) e com os valores gramaticais que cada tempo denota.

Por fim, no nível individual, que é o nível do texto, passamos a estar no campo próprio da análise linguística, que vem a ser a análise dos valores linguísticos expressos em ocorrências textuais, como seria o caso de explicitar o valor de certa forma verbal presente em um enunciado. Assim, no enunciado "Viajo para Fortaleza, depois sigo para Maceió", caracterizar o valor (ou o sentido) de "tempo futuro, mas próximo" das duas formas verbais e apontar o recurso utilizado para a expressão de tal valor: emprego do presente junto a um verbo de movimento.

Será sempre no nível do texto que iremos precisar qual o valor ou o sentido do tempo e modo de uma forma verbal, valor este que, em geral, é registrado numa gramática da língua, que não se aterá ao significado básico (invariante) de cada tempo e modo verbal. No caso do presente do indicativo, o de denotar uma ação no momento em que se fala: "Daqui vejo Pedro risonho". Este será o valor invariante deste tempo verbal. Há evidente relação semântica entre esta acepção temporal básica do presente em "Daqui vejo Pedro risonho" e a de "Viajo para Fortaleza".

Uma forma verbal, formas de diminutivo ou de aumentativo, formas pronominais, formas adverbiais e outros empregos textuais são suscetíveis de manifestar diversos valores, mas sempre relacionados com o significado básico da língua, no nível da língua. A análise linguística se interessará justamente por identificar estes diversos valores no nível do texto.

Atentemos, a fim de dar uma exemplificação maior, para os valores ou sentidos caracterizadores das seguintes formas gramaticais: "Ela teria, na época, os seus quarenta anos" (o futuro do pretérito a exprimir o valor modal de probabilidade); "O homem é imortal" (o artigo definido a expressar a totalidade específica de um gênero); "O professor está hoje num dos seus dias" (o pronome possessivo a designar um hábito); "Escutei-lhe a voz" (o pronome pessoal átono a traduzir posse); "Ela está fraquinha, fraquinha" (o adjetivo no diminutivo, e repetido, a traduzir intensidade); "Afinal, fiz bem ou mal em falar com ela?" (a frase interrogativa a denotar dúvida).

Não podem, evidentemente, estes diferentes valores textuais de uma forma linguística explicar-se uns aos outros. O valor básico, ou invariante, ou seja, o significado no nível da língua, constante de uma gramática, é que vai proporcionar, em princípio, os diversos valores textuais. Se é fácil associar-se, por exemplo, a ideia de carinho, que transparece

5. E o saber gramatical? Que vem a ser?

constantemente nas formas diminutivas ("Joana é uma menininha adorável"), ao seu valor básico, ou invariante, isto é, sempre presente, o da diminuição intrínseca (saleta, mesinha), isto não quer dizer que seja fácil se dar conta da relação entre as diversas acepções textuais, ou sentidos.

Podemos certamente afirmar, no entanto, que um diminutivo que expressa frequentemente carinho venha a expressar, em outros textos, ironia, aversão ou desprezo, ainda por causa do seu valor básico (o significado): o da diminuição intrínseca. De sorte que o valor tantas vezes subjetivo de uma forma linguística é sempre um valor contextual, um sentido, pois, e não um valor opositivo, um significado, que se situa já no nível da língua, como o par opositivo sala/saleta.

Deve ficar claro que não se está aqui falando da análise tradicional, que propõe exercícios quase mecânicos, completando o espaço em branco com um termo gramatical a classificar uma forma linguística, segundo sua forma ou função. Ao contrário, a análise que se propõe tem como objetivo penetrar na atividade do espírito presente num texto e, deste modo, nas relações entre as formas e os seus conteúdos.

Pela análise que se propõe, em "A menina tem dez anos" e "A menina tem o livro", indagaríamos, não, por exemplo, a classificação dos predicados, mas os sentidos do verbo ter, pela natureza diferente dos complementos "dez anos" e "o livro". Já numa oração do tipo "Quer calar-se?", o relevante seria chamar a atenção para o valor textual ou o conteúdo imperativo da estrutura, com a forma do presente do verbo querer precedendo a do infinitivo mais a entoação interrogativa, dando margem assim para evidenciar que a língua oferece muitos outros recursos para exprimir uma ordem.

A análise linguística não deve deter-se apenas no reconhecimento das formas, mas buscar nelas os conteúdos conceptuais, afetivos, fantásticos. Tudo, em suma, que a expressão comunica, o que com ela se quer, o que traduz o sentir do falante e suas representações imaginativas. (Piccardo, 1956:17)

Em síntese: a gramática ou é utilização de regras e procedimentos com a qual, e também com os recursos lexicais, construímos os enunciados de uma língua, em qualquer das variedades desta, ou é o saber sobre esta utilização de regras e procedimentos. A primeira é do domínio do falante, já a segunda é do saber de um profissional, embora leigos possam vir a ter conhecimento deste saber, ao se mostrarem especialmente interessados por ele. O estudo deste saber científico comporta três níveis ou três disciplinas, correspondentes aos três níveis da competência linguística: a teoria linguística, a descrição linguística e a análise linguística.

Pagliaro (1967:300-1) ressalta enfaticamente o valor humano, formativo da gramática, ponderando que conduz a mente a refletir sobre uma das criações mais maravilhosas do homem: a de conhecer a estrutura e o funcionamento de signos dos quais se serve para objetivar e aclarar ante si mesmo e os outros o conteúdo de sua consciência.

6. Como varia uma língua?

A variação linguística também faz parte do saber idiomático, que longe está de poder ser identificado com uma única variedade, a não ser nas línguas faladas por grupos extremamente restritos, a maioria correndo sério risco de extinção. Embora a sociedade se preocupe mais com a regra a ser seguida, os cidadãos não deixam de ter a percepção, muitos deles limitadamente, de que se fala diferente a sua língua.

Esta percepção transparece, em graus diversos, por meio de comentários ouvidos no dia a dia de pessoas pertencentes a distintos segmentos sociais: "Ele não fala como carioca", "Ela fala engolindo os esses", "Como este professor fala difícil!" – eis uns poucos exemplos de observações acerca do fenômeno da variação captados no intercurso social.

Em relação à língua portuguesa, a ideia de variação, ou seja, da diversificação interna da língua histórica, vem de longe, do nosso primeiro gramático, Fernão de Oliveira, em sua *Grammatica da lingoagem portuguesa*, de 1536. Nela, ele já assinalava em relação à nossa língua variedades diacrônicas, em planos temporais sucessivos, e variedades diatópicas ou geográficas, no mesmo plano temporal. É dele a significativa frase "Cada um fala como quem é", em referência ao vocabulário, tipicamente um comentário acerca da identidade social do falante. Não escapou assim à perspicácia linguística do gramático Fernão de Oliveira a variação no uso da língua, a existência, pois, de regras diversas, no tempo e no espaço físico e social da sua época.

Necessário se torna firmar logo o conceito de língua histórica, a que fizemos alusão, como o formulou Coseriu (1980:110):

> ...língua constituída historicamente como unidade ideal e identificada como tal pelos próprios falantes e pelos falantes de outras línguas, habitualmente através de um adjetivo "próprio": língua portuguesa, língua italiana, língua inglesa, língua francesa etc.

Coseriu ressalta então que uma língua histórica não é nunca perfeitamente homogênea. Muito ao contrário: em geral representa um conjunto assaz complexo de tradições linguísticas historicamente conexas, mas diferentes e só em parte concordantes. Em outros termos: uma língua histórica apresenta sempre variedade interna.

De modo que ninguém fala uma língua histórica em seus atos verbais. Coseriu opõe ao conceito de língua histórica o conceito de língua funcional: a que é imediatamente "realizada" nos discursos e que é homogênea (por ser propriamente "uma única língua"). Adiante, abordaremos mais detidamente este último conceito.

A variação se apresenta como umas das características centrais de uma língua histórica em uso, porque o falar de uma comunidade é marcado pela constante variação, que afeta os campos da fonética, da morfologia, da sintaxe e do léxico. Os falantes, como já se explicitou, percebem, mais, ou menos, a depender de sua consciência linguística, tal fenômeno. Cabe então aos linguistas, também aqui, como em qualquer área do campo da linguagem, apresentar os fundamentos científicos responsáveis por tão importante centro de interesse da investigação da Linguística.

Na verdade, a partir especialmente da segunda metade do século XX, a ciência da linguagem muito tem se detido no estudo aprofundado da variação linguística, que se tornou mesmo um dos grandes objetos teóricos do campo da Linguística moderna, ao lado do estudo da língua, da competência, da mudança e do uso.

A Linguística, de fato, passou a se dedicar muito a pesquisar tal fenômeno, graças aos avanços da Geografia Linguística e da Sociolinguística, que vieram a comprovar e justificar a presença da variação em cada lapso temporal do devenir das línguas e a existência de inegável relação entre a variação linguística sincrônica e a mudança linguística. Desenvolveremos esta relação no capítulo seguinte.

Penetrando numa compreensão fundamentada do fenômeno aqui estudado, deve-se partir da constatação de que o saber linguístico, é individual e, ao mesmo tempo, interindividual, ou seja, é comum aos outros falantes que pertencem a uma mesma comunidade, antes de mais nada caracterizada como uma comunidade linguística, dado o caráter essencial do saber idiomático para capacitar os falantes a se comunicarem entre si e também para em conjunto constituírem uma comunidade. Por isso, pode-se afirmar que uma comunidade humana define-se antes como uma comunidade linguística.

Se consideramos uma comunidade linguística das mais extensas, constata-se que ela é mais do que agrupamentos de indivíduos, mas uma comunidade de comunidades menores,

> ...construídas e integradas por cada um dos seus membros que, realizando a mesma atividade – a intercomunicação linguística –, nos vários grupos a que pertence, lança entre eles a ponte que os liga e os estrutura, fazendo deles a grande comunidade dos que falam "a mesma língua". (Carvalho, 1983:295)

Como acentua Carvalho, logo em continuação:

> ...o indivíduo é membro e coautor de diversos grupos linguísticos constituídos pelo próprio ato de comunicação, constantemente renovado, que estabelece com os outros (e os outros entre si), e, como condição prévia, pela identidade, ao menos parcial, do seu saber linguístico com o de cada um desses outros.

Certo é que, em sociedades desenvolvidas, o comum é o indivíduo participar de vários grupos, além do da sua família: o da sua profissão, o dos amigos, o de um clube ou de uma confissão religiosa, o de uma atividade física, o dos vizinhos etc. Desta maneira é que cada indivíduo é coautor de toda uma comunidade ampla, extensa, que não pode existir sem ele.

Fácil compreender, então, que qualquer forma de comportamento social e, portanto, o linguístico, varia mais no interior de uma comunidade extensa, pois os laços de convivência entre os seus membros são menos estreitos do que aqueles concernentes a relações mais próximas, mais constantes, próprias de grupos menores (familiares, profissionais) da comunidade extensa que a todos estes abarca. Nestes grupos menores, constata-se que os modos de falar dos indivíduos são muito semelhantes, distinguindo-se assim, ainda que muito pouco, dos modos de falar dos indivíduos que convivem em outros grupos.

Então, qualquer comunidade linguística mais extensa mantém sua unidade (que nos possibilita falar, por exemplo, na língua portuguesa ou no português) e comporta a diversidade, permitindo-nos lembrar da feliz e conhecida expressão do linguista austríaco Schuchardt: cada língua constitui "a unidade na variedade e a variedade na unidade".

No entanto, quais seriam os fatores fundamentais considerados determinantes da diversidade linguística sobretudo em uma comunidade extensa como a que fala a língua portuguesa ao longo deste país continental que é o Brasil? Pode-se dizer que há consenso entre os linguistas sobre tais fatores. Eles se reduziriam a dois, em se tratando do mesmo plano temporal e interindividualmente, vale dizer, de indivíduo para indivíduo ou de grupo para grupo: o de ordem geográfica e o de ordem social. Teríamos então variedades geográficas e variedades sociais do português do Brasil. (Carvalho, 1983:291-301)

As variedades geográficas têm recebido denominações diferentes, a começar pelo antigo termo dialeto. Como tal termo está muito ligado a uma forma rústica e estigmatizada culturalmente de uma língua ("Ele não fala italiano, mas um dialeto"), estabelecendo assim a oposição entre "língua" (italiano ou língua italiana, forma de falar nobre) e dialeto, (forma de falar humilde), evitamos aqui a palavra dialeto, pois, na verdade, todos falamos um dialeto, geográfico e mesmo social. Mais recentemente a denominação variedades diatópicas tem sido bem utilizada para se reportar a esta diferenciação no espaço físico.

Regiões, cidades têm servido de marcos para delimitar aproximadamente variedades locais, constituindo deste modo comunidades menores, geograficamente marcadas, dentro da comunidade mais extensa, no caso o território linguístico brasileiro que fala português. Cria-se assim uma tradição: os habitantes originários de tal ou qual região falam diferente dos de outras, têm uma maneira própria (sobretudo na pronúncia e no léxico, no caso do Brasil) de falar a sua língua. Bastante comum se ouvirem referências de leigos mesmo sobre a fala do nordestino ou do gaúcho, do carioca ou do mineiro.

Cabe ainda observar que as variedades diatópicas ou geográficas não deixam de ser também sociais, porque cada região assim delimitada se individualiza não só pelo seu comportamento linguístico, mas também por outros modos de atuação, como interesses culturais, tradições, maneiras de convivência. O falar nordestino em face do falar gaúcho marca uma oposição que não se reduz à atividade linguística, mas que traduz manifestações sociais ou culturais em parte distintas.

O segundo fator determinante da diversidade linguística de uma língua histórica é o social ou o sociocultural. Numa mesma localidade, que não precisa ser extensa, os indivíduos que nela nasceram e nela vivem não falam evidentemente da mesma maneira. Conforme o seu meio social, adotam atividades, costumes próprios deste meio e, portanto, também normas linguísticas dele características, diferentes em cotejo com os que constatamos em indivíduos pertencentes a outro meio social.

As pessoas participantes do mesmo segmento social interagem mais intimamente entre si, sem, contudo, deixarem de manter certo intercâmbio com outros grupos, sem naturalmente a mesma intensidade e duração do que liga os membros de um grupo social. Estas variedades linguísticas que têm como fator delas determinante o meio social são chamadas de variedades sociais ou socioculturais, ou, ainda, variedades diastráticas. As variedades culta e popular ocupam os extremos de uma escala sociolinguística, daí se falar ainda em níveis de língua para as diferenças idiomáticas entre estratos sociais.

Mais concretamente: um porteiro, um atendente administrativo e um médico não falam da mesma maneira, porque não possuem o mesmo padrão cultural, desenvolvem atividades profissionais bem distintas, frequentam locais diversos, o que não impede que se intercomuniquem de modo, em geral, satisfatório, ainda que, em certas situações de fala, possa haver, sobretudo da parte do interlocutor mais instruído, um cuidado, uma atenção especial no emprego de palavras e construções mais afastadas do uso corrente.

O fator social, em razão das necessidades ou das atividades profissionais ou da consciência de afirmação de grupo, é ainda responsável por formas particulares das variedades sociais ou culturais, as chamadas linguagens especiais (Carvalho, 1983:333-343), das quais trataremos mais adiante.

Até aqui se constatou que as variedades linguísticas de uma comunidade se davam de um indivíduo para outro, ou de um grupo para outro. Há, no entanto, certo tipo de variedade que afeta a atividade linguística de um mesmo falante. As pessoas, em geral, se dão conta de que falam diferentemente, mesmo que não teçam comentários a esse respeito. Algumas têm consciência de que se expressam ora de maneira mais cerimoniosa, ora de maneira mais livre, vale dizer, ora "escolhendo as palavras", ora estas escolhas sendo "não pensadas". Reflexão, num caso, espontaneidade, noutro.

Estas variedades, que ocorrem na fala de um mesmo indivíduo conforme os três fatores se façam presentes em cada ato verbal (além do emissor) a saber, o destinatário, o assunto tratado e a situação em que se dá, são chamadas de variedades estilísticas, ou variedades diafásicas. O termo registros também é bastante empregado para designar tais variedades.

Se tomarmos pessoas de uma comunidade linguística com bom nível de homogeneidade, constataremos que efetivamente elas não falam da mesma maneira, variando a fala de acordo justamente com os três fatores presentes em todo ato verbal. Assim, um médico, membro de uma comunidade linguística coesa, vai se exprimir de forma diversa, valendo-se de variedades estilísticas diferentes, quando se encontra entre seus familiares ou entre os convidados de um evento social (destinatários distintos); ao falar sobre um tema médico ou sobre o futebol (assuntos distintos) e, finalmente, ao falar numa conferência ou num bate-papo com um colega (situações distintas).

Assim como estabelecemos as variedades culta e popular como os extremos de escala para os níveis de língua, podemos também, abstraindo um sem-número de casos intermediários, determinar os estilos coloquial e refletido como extremos de escala para os estilos de língua. Estes extremos é que são facilmente reconhecíveis. O estilo familiar, por exemplo, é acentuadamente coloquial, ao passo que o estilo literário é acentuadamente refletido.

Não se deixe de registrar que um mesmo ato da fala pode muitas vezes representar mais de um estilo. Assim, numa conversa entre dois amigos, ela pode passar de um bate-papo despretensioso para uma troca de ideias sobre um tema existencial, acarretando uma mudança de estilo. Mesmo num texto escrito, verifica-se com frequência uma clara complexidade estilística, como num artigo de jornal sobre esporte, em que convivem estilo coloquial e estilo refletido, por apresentar, em trechos distintos, comentários descontraídos e comentários já mais elaborados, de caráter mais geral sobre o tema "esporte".

Neste mesmo capítulo, já assinalamos que Coseriu estabeleceu a útil distinção entre língua histórica e língua funcional. Aquela, já o explicitamos, é uma

> ...língua constituída historicamente como unidade ideal e identificada como tal pelos seus próprios falantes e pelos

> falantes de outras línguas, através de um adjetivo "próprio": língua portuguesa, língua inglesa... Essa técnica nunca é perfeitamente homogênea. (Coseriu, 1980:110)

Em nenhum ato verbal, se pode falar ou concretizar uma língua histórica em toda a sua abrangência; é uma unidade ideal. Por isso mesmo, Coseriu cria o conceito de língua funcional, assim denominada porque é ela que efetivamente entra nos discursos. Uma língua funcional é uma técnica linguística unitária e homogênea, um saber utilizar, pois, em cada ato de fala, uma só variedade diatópica (geográfica), em uma só variedade diastrática (em um só nível de língua) e uma só variedade diafásica (em um só estilo de língua).

Não há texto, oral ou escrito, em que não ocorra uma destas três variedades, ou que não se concretize através de uma língua funcional. O texto que aqui e agora estamos escrevendo se apresenta numa língua funcional suprarregional, no nível culto e no estilo refletido (fala-se também formal). Num mesmo texto pode evidentemente ocorrer mais de uma língua funcional. O exemplo mais lembrado é o de uma narrativa, um conto ou romance, em que há a língua funcional do narrador e a dos personagens.

De cada vez, só uma língua funcional ocorre. Coseriu (*op. cit.*, 113) enfatiza, coerentemente, que uma língua histórica, como o português, ou qualquer outra, é, a rigor, "uma coleção de línguas funcionais". De modo que o objeto de descrição linguística será sempre a língua funcional.

O texto literário, no que tange aos estilos de língua, merece ainda um comentário. Ele tem sempre um intento estético, artístico. Para isso, o escritor tem de se valer muitas vezes, mesmo no discurso do narrador, de uma linguagem corrente, mesmo popular, até com o emprego de palavras e expressões chulas. Nem por isso, o romancista, o contista ou o cronista deixam de elaborar a linguagem literariamente e lhe dar transcendência.

Não há como se falar, por isso, em estilo informal, espontâneo, quando se trata de texto literário, como já flagramos em algumas coleções didáticas de Português, levados certamente seus autores a tal caracterização pela presença nos textos, de crônicas sobretudo, de palavras, expressões, recursos gramaticais ou fônicos de estilo tipicamente espontâneo. Mas o emprego de tais elementos linguísticos exige, nestes textos, elaboração e reflexão do escritor, possibilitando assim se falar num estilo informal ou mesmo num nível de língua popular refletido, para o intento estético a ser alcançado: o de criar a ilusão de uma fala real. Marcuschi (1997:61) pondera bem: "A literatura não é *um achado gramatical* (...) mas uma força expressiva de usar as potencialidades da língua".

Um texto de Graciliano Ramos não tem como ser considerado mais elaborado do que um de João Antônio, por exemplo. Preferência estética, estilística, já diz respeito a uma avaliação, a um julgamento de valor. As obras literárias requerem do escritor conhecimento da realidade que pretendem retratar e, portanto, da realidade linguística do meio social focalizado e de um hábil processo de elaboração da língua dos textos de ficção. Eis a essência dos textos literários: o trabalho com a linguagem. Muitos textos requerem mesmo dos seus autores um trabalho de pesquisa diuturno.

Não se pode deixar de registrar, ao se tratar de variação linguística, a variação de modalidade entre língua falada e língua escrita, presente em numerosas comunidades. São modos de a comunicação verbal se concretizar diferentemente, através, respectivamente, de substâncias bem diversas, sonora ou gráfica.

Tradicionalmente, a fala e a escrita eram colocadas, em razão mesmo de seus modos de realização, em polos opostos, pertencentes embora a um mesmo sistema linguístico, através de dicotomias estritas: o discurso oral se apresentava mais frequentemente como não planejado, redundante, contextualizado, por exemplo, opondo-se ao discurso amiúde planejado, condensado, acentuadamente descontextualizado do texto escrito, dicotomias estas que ainda perpassam o nosso ensino de língua.

A tendência atual, acolhida pela maioria dos linguistas, é, ao contrário, a de mostrar que entre as duas modalidades há mais semelhanças que diferenças. Com efeito, é certo que tanto a fala como a escrita variam de estilo (variedade diafásica), podendo-se estabelecer um continuum de variações, do estilo mais informal ao mais formal, de sorte que a coloquialidade, ou informalidade, não deve ser considerada como um estilo possível apenas nos textos orais. Pondera, deste modo, Marcuschi (2001:42) que a comparação entre as duas modalidades deve tomar como critério de análise uma relação fundada no continuum dos gêneros textuais para evitar as dicotomias estritas.

Na verdade, um bilhete está mais próximo, pela sua informalidade, de uma conversa descontraída do que de um artigo científico; uma exposição acadêmica, por sua vez, pela sua formalidade, mais próxima de um artigo científico do que de uma conversa descontraída. Então, o discurso oral e o discurso escrito devem ser estudados, evitando-se ser abordados em função de diferenças rígidas (não são dicotomicamente antagônicos), mas sim em função das características de cada um, como os das substâncias distintas (sonora e gráfica) e das condições bem diversas de produção, o que possibilitará a compreensão, digamos, de "uma notícia de TV", texto cuja substância veiculadora da imagem é sonora, mas cuja produção é escrita.

As variedades diatópicas, diastráticas e diafásicas são cronologicamente simultâneas, ou seja, podem ser observadas num mesmo plano temporal. Mas qualquer língua varia também no tempo, como acontece com qualquer objeto histórico, aquele que se situa no tempo. Teremos então as variedades diacrônicas de uma língua, dispostas em vários planos temporais, por isso sucessivas.

Muitos falantes percebem que a língua muda com o tempo, através de observações corriqueiras como "Isto não se diz mais", "Você fala como as pessoas de idade", "Nunca mais ouvi esta palavra ser usada". As diferenças entre a fala dos mais velhos e a dos mais jovens são, em geral, notadas, ainda que não passíveis de explicação fundamentada.

Certamente que numa comunidade, num povo, que disponha de uma rica literatura constituída ao longo de séculos e de indivíduos que atingiram um desenvolvimento intelectual e cultural elevado, o grau de consciência da tradição linguística será muito maior do que o de uma comunidade sem escrita e com falantes sem uma instrução cultural desenvolvida. Para a primeira destas comunidades, Camões e seus contemporâneos escreveram também em português, apenas numa outra fase histórica da língua portuguesa, por isso suas obras não são de leitura acessível para qualquer indivíduo de hoje, passados seis séculos. Mas a consciência da tradição e da história persiste.

Neste capítulo já nos referimos ao fato de que, entre as variedades sociais ou culturais de uma língua, há formas particulares que são as linguagens especiais, nascidas da necessidade ou exercício de atividades profissionais ou da consciência de formação de um grupo menor dentro da comunidade mais extensa. As linguagens especiais: são a linguagem técnica e a gíria.

A linguagem técnica é então uma variedade linguística própria de um grupo social unido por uma atividade ou interesse comum de seus membros. É constituída pelo inventário léxico peculiar às diversas comunidades menores compreendidas numa comunidade mais extensa, cujos componentes se encontram ligados por uma forma particular de atividade, que é sobretudo profissional, mas podendo ser também lúdica, relativa a um esporte ou científica, concernente a outro interesse cultural. Temos, portanto, a linguagem técnica do advogado, do arquiteto, do pintor, do esportista, do químico ou do linguista. Cada uma delas e todas as demais abrangem o léxico (palavras, expressões e frases feitas) que se reporta ao universo abrangido por certa forma particular de atividade ou interesse.

Desta maneira, o léxico de um falante de uma comunidade extensa, linguisticamente homogênea (digamos, a dos falantes tidos como cultos), poderá ser ampliado por um número maior ou menor de termos pertencentes a várias linguagens técnicas. Quantos termos da linguagem médica, por exemplo, já não se incorporaram ao léxico da comunidade leiga? Observe-se que numa linguagem técnica em geral as formas lexicais são de conotação praticamente neutra. É só ficarmos no campo da ciência linguística; morfema, fonema, signo, afixo, sufixo, consoante, semivogal são formas lexicais de conotação neutra, utilizadas por um grupo de cientistas.

É verdade, contudo, que há linguagens técnicas que apresentam um número razoável de palavras de forte conotação, como é o caso da linguagem política. Termos como peemedebista, petista ou pessedebista não se aplicam quase sempre aos "objetos" em si mesmos, mas traduzem antes atitude valorativa (positiva ou negativa) ante tais "objetos". O fato se explica, como mostra Carvalho (1983:338, n. 41), pela própria natureza desta atividade particular, em que

> ...o político (...) tem de agir sobre ela (a 'polis'), isto é, sobre os homens que a compõem, para obter seu apoio e, consequentemente, a reprovação de possíveis adversários ou rivais no poder. Para isso, tem de levá-los, a esses homens constituídos em massa, por onde eles são mais facilmente manejáveis, não pela inteligência mas pelas paixões...

Palavras antigas na língua, da linguagem política, são conotativamente carregadas, como, entre outras: democracia, ditadura, fascismo, comunismo, esquerda, direita, colonialismo.

Como se constitui o inventário léxico de uma linguagem técnica? Primeiro por palavras ou expressões cujos significantes lhe sejam peculiares. Valendo-nos da linguagem técnica do futebol, mencionaríamos, entre tantas outras: goleiro, pênalti, tiro de meta, zagueiro, escanteio, tiro de canto etc. Em segundo lugar, por palavras e expressões de significantes idênticos ao da linguagem comum, usadas, contudo, "num sentido unívoco e bem definido", em contraste com a "multivocidade e imprecisão conceitual" da linguagem comum: área, impedimento, meta, barreira etc.

Constata-se que a palavra "área", como palavra da linguagem comum, significa genericamente "espaço", "extensão de terreno". Já na linguagem técnica do futebol designa inequivocamente "um espaço de medidas e localização precisas do campo de jogo"; "impedimento" é "o ato ou efeito de impedir", "obstáculo", "embargo", na linguagem comum. Na linguagem técnica, "situação irregular do jogador quando recebe a bola em certas situações de jogo".

Note-se que as definições em geral bem mais longas dos termos da linguagem técnica já revelam a necessidade de maior rigor, de maior especificação de sentido. Assim, "área" e "impedimento" têm na linguagem técnica do futebol traços semânticos específicos que integram o significado em si destas palavras, mas que já não ocorrem em relação a estes itens lexicais quando pertencentes à linguagem comum.

Outra linguagem especial é a gíria. Sabe-se que não há entre os próprios linguistas um conceito unânime sobre esta linguagem. O que problematiza a sua conceituação é a dificuldade de se responder a esta indagação: o que faz nascer esta linguagem especial? Pensamos que a motivação preponderante varia conforme a natureza da atividade em torno da qual se constitui um grupo menor dentro de uma comunidade mais ampla.

Assim, se a necessidade de segredo é a necessidade essencial na formação da gíria dos malfeitores e dos contrabandistas, por exemplo, já uma outra necessidade – a "do espírito de corpo"– talvez seja a motivação principal na constituição da gíria dos jovens. Na linguagem do futebol, a gíria parece nascer predominantemente de uma necessidade expressiva, ou seja, da necessidade de que os membros de um grupo menor têm de traduzir, através de um léxico marcadamente sugestivo, as emoções que lhes despertam fatos ou situações próprias do seu universo referencial. Daí ocorrerem com frequência nas transmissões esportivas, através das narrações vibrantes, emocionadas dos locutores, bastante conhecidos dos amantes do futebol, a criação sempre de novas gírias.

Por isso, se na linguagem técnica as formas lexicais são de conotação quase neutra, como vimos, na gíria criam-se ou adotam-se elementos de forte conotação. Observe-se, por exemplo, a distinção, na linguagem futebolística, entre "impedimento" e "banheira". O referente é o mesmo, mas, no primeiro termo, o ato de referência aplica-se ao objeto em si; no segundo, o ato de referência já traduz uma atitude emotiva (de galhofa) em relação ao mesmo referente – em "banheira" quer se ressaltar, pilheriando, a posição bem cômoda do jogador que recebe a bola em situação irregular de jogo.

Como exemplos de palavras tipicamente da gíria de futebol temos o grupo: bomba, balaço, canhão, canhonaço, petardo, pedrada e o verbo fuzilar, termos que servem para traduzir expressivamente a emoção ou a vibração do emissor ante a potência de um chute para o gol.

Por tudo o que foi dito neste capítulo, fica evidente que a variação linguística faz parte da língua, do saber a língua (saber idiomático), obedecendo o seu emprego a normas. Nos seus atos verbais, o falante, uma vez que a sua competência idiomática lhe assegure isto, irá se valer de normas concernentes sobretudo ao estilo ou ao nível de língua esperado. Nas obras literárias, o escritor, se este for seu intento estético, deverá também recorrer ao seu saber de certa região, de certa localidade.

De sorte que a variação de uma língua não representa o caos, a desorganização de uma língua, como um ensino gramatical rígido, preconceituoso, pode levar a crer em relação ao que não tiver sido documentado pela gramática codificada. Ao contrário, ela é uma das características centrais de uma língua histórica em uso, através de línguas funcionais distintas, porque o falar das pessoas de uma mesma comunidade é, como já se enfatizou, marcado pela constante variação, que afeta os campos fônico, morfológico, sintático e léxico, e até mesmo o campo discursivo, em função do gênero textual adotado, objeto de análise em um outro capítulo.

Um falante culto não será caracterizado apenas por dominar a norma culta mais formal da língua, tida como padrão de uma sociedade, norma que se espera ser utilizada nas instâncias públicas, quando é mais forte o monitoramento, quer na fala (em conferências, em tribunais...), quer na escrita (na administração pública, em ensaios...).

6. Como varia uma língua?

Mas o seu agir linguístico é marcado pela constante variação de estilo e pela variação de modalidade (falada ou escrita), mormente pela seleção de itens lexicais diversificados, não lhe faltando mesmo o domínio de palavras e de expressões de certas linguagens especiais, que já se incorporaram à linguagem comum dos falantes letrados.

Na verdade, é na fala culta que se caracteriza o saber uma língua no grau mais abrangente, pelo aproveitamento maior das possibilidades oferecidas pelo sistema linguístico. O analfabeto, ao contrário, além de não dominar a modalidade escrita, registra variação em sua fala, mas restrita a uma variação estilística limitada, como no uso de formas de tratamento e no emprego de palavras e expressões ora mais ora menos estigmatizadas.

Numa sociedade atual como a nossa, caracterizada pela intensa mobilidade, pela circulação de influências culturais diversas e pelo inter-relacionamento constante entre variedades faladas e escritas, cresce evidentemente a importância e a premência, no ensino escolar, da abordagem adequada da propriedade da variação linguística.

7. Como as línguas mudam?

Como qualquer objeto histórico, a exemplo das artes e das ciências, dos esportes e da indumentária, as línguas também estão sujeitas a um processo constante de mudanças ao longo dos tempos. Algumas destas mudanças podem, e o são com frequência, percebidas por falantes no emprego de cada uma delas, não se precisando recuar no tempo em que as pessoas não viveram. Mesmo numa comunidade iletrada, mesmo no seio de um agrupamento humano que não conhece a escrita, fácil é flagrar, por parte de um indivíduo adulto, a percepção de que a fala de pessoas pertencentes a faixas etárias bem afastadas acusam diferenças. Tais diferenças, por pequenas que sejam, podem incidir sobre o léxico, sobre construções, sobre pronúncia de certas palavras.

Interessante notar que as reações dos falantes ante as mudanças percebidas são muitas vezes negativas quando elas estão ocorrendo em tempo real, provocando mesmo comentários reveladores de estranhamento acerca dos novos usos tanto na língua falada quanto na língua escrita, geralmente apreendidos como ocorrências que documentam certa decadência de uma língua, por se afastarem de um padrão idiomático que aprenderam a identificar como o ideal de correção.

A substituição em curso, por exemplo, do pronome "nós" por "a gente" em várias circunstâncias de fala. A mudança formal, então, é vista, muitas vezes, nestes casos de tempo real, como o aparecimento de uma forma depreciativa, a ser possível uma língua deixar de estar sempre mudando, gradualmente. Qualquer objeto histórico, por se situar no tempo, não pode ser estático, não pode deixar de sofrer mudanças.

No entanto, tal estranhamento já não ocorre em relação a mudanças que se processaram há um ou vários séculos, na época, por exemplo, de Camões e de seus contemporâneos (século XVI), porque estas mudanças efetivas são aprendidas e absorvidas normalmente por todos os falantes mais escolarizados do português, como a utilização das formas fônicas per, esto, asy, gracya, e tantas outras, além de características morfológicas, sintáticas e semânticas que marcam a língua desse século, mas que aqui não é o lugar para delas falar.

Mostra-se muito generalizada a opinião de falantes segundo a qual a nossa língua estaria sempre mudando, o que é verdade, porém, não no sentido que atribuem à mudança: as alterações ortográficas. Com efeito, a ortografia, como se tem dito, é apenas a roupagem da escrita da língua. Por isso, mesmo que venhamos a mudar inteiramente o nosso sistema de escrita, os enunciados continuarão a ter o mesmo sentido

7. Como as línguas mudam?

de antes, as funções gramaticais das palavras se manterão. Do mesmo modo, textos de outros séculos podem apresentar grafias distintas das atuais, mas sem que tenham ocorrido mudanças linguísticas, como sciencia, pharmacia, thesouro, ellypse, e muitas outras palavras, que, até o início do século XX, mantinham com frequência uma grafia etimológica.

Não se deve perder de vista que a noção de língua como fato histórico é contemporâneo do advento da Linguística como ciência. Quando, no século XIX, se teve a clara noção de que as línguas podiam ser objeto de um estudo científico, foi justamente quando despontou a ideia de que a língua está sempre em mudança e tem, pois, uma história. Na verdade, tratava-se de uma constatação mais facilmente apreensível para vir a ser um estudo científico do que a de encontrar, na época, uma orientação que tornasse o estudo descritivo da língua em ciência, que viria só com as lições de Saussure.

A progressão da história das línguas é que ficou sendo o objetivo, o escopo da Linguística, ou seja, do estudo da língua como ciência. De modo que a língua compreendida como fato histórico é fato contemporâneo dos primórdios da própria ciência da linguagem.

Nascia a Linguística sob o enfoque histórico, que viria a ser denominado por Saussure de enfoque diacrônico, que ele contraporia ao enfoque sincrônico, ou descritivo, que teria o estruturalismo como base teórica, cujo postulado principal foi o considerar a língua como um sistema, ou seja, como um conjunto ordenado em que as unidades se apresentam solidárias entre si, através de oposições e correlações.

O conceito de mudança linguística esteve ligado por muito tempo ao de evolução. Acreditava-se que ela partiria de um estado rudimentar de língua e passaria para estados cada vez mais elaborados, até atingirem o que seria a plenitude de uma língua. Depois de certo tempo, numerosos linguistas começaram a rejeitar uma história evolutiva para as línguas e o próprio "evolução" em Linguística. Não se nega, contudo, que as mudanças de uma língua não se verificam ao acaso, nem são desconexas. Há um sentido, uma direção nas mudanças, sem haver, contudo, um desenvolvimento para um ápice, portanto, para um enriquecimento, ou empobrecimento em certos casos, teoricamente fundamentado, para a determinação de um "melhor" ou um "pior" estado linguístico.

Desta maneira, na história da língua portuguesa, por exemplo, não há como cientificamente se falar, por exemplo, que, do século XVI ao século XXI, tenha a língua evoluído para um estado mais " avançado" ou menos "avançado". O que há é um processo lento e gradual de mudanças de toda ordem (fônicas, morfológicas, sintáticas e semânticas).

A Linguística Histórica, desenvolvida ao longo do século XIX, se valeu do método comparativo, que consistia em relacionar fatos entre línguas cujas semelhanças chamaram a atenção de estudiosos e curiosos da época. De início, na pesquisa de línguas antigas e se atendo especialmente a correspondências de sons entre elas, propuseram que o latim, o grego e o sânscrito eram aparentados entre si e que deveriam ser derivados de uma outra língua ("língua mater"), certamente já extinta, que passou a ser conhecida como protoindo-europeu. Era o começo de estudos sistemáticos em Linguística Histórica e Comparativa, que, graças à farta quantidade de registros históricos, se concentravam em línguas indo-europeias.

7. Como as línguas mudam?

Não sem razão, pois, os nossos mais eminentes filólogos, até os anos de 1960 — Filologia era então o estudo abrangente das línguas e de suas respectivas literaturas —, eram fundamentalmente historicistas, como em muitos outros países. Antenor Nascentes, Said Ali, Sousa da Silveira, Serafim da Silva Neto, Ismael de Lima Coutinho, Theodoro Henrique Maurer, entre vários outros, foram historicistas, com obras valiosas para a progressão dos estudos de Língua Portuguesa e de Filologia Românica em nosso país. Tivemos então, na primeira metade do século passado, a publicação de um dicionário etimológico, de uma história da língua, de gramáticas históricas, de obras sobre o problema do latim vulgar, de um compêndio de filologia românica.

Assim é que mais tarde se descobriu, recorrendo às correspondências de sons, que várias línguas como o português, espanhol, francês, italiano, romeno, provençal, entre outras, tinham uma origem comum, o latim corrente, falado, impropriamente chamado de latim vulgar. Por isso denominadas de línguas neolatinas, ou românicas.

Não se pense que tais línguas se derivaram diretamente do latim corrente, mas entre aquelas e este houve os diversos romances (ou romanços), ou seja, as modificações regionais do latim falado, que devem ter se formado mais ou menos por volta do ano 600 da nossa era. Textos inteiramente redigidos em português datam só do século XII. Lembremo-nos, uma vez mais, de que as mudanças linguísticas são graduais.

Ainda no século XIX, na Alemanha, tivemos um grupo de estudiosos, denominado de neogramáticos, que nortearia os estudos em linguística comparativa até meados do século XX. Segundo tal grupo, os sons mudariam dentro de regras gerais, que abrangeriam todo o vocabulário de uma língua em que esses sons aparecessem. Criava-se, então, o conceito de leis fonéticas. Assim, as consoantes oclusivas surdas do latim, em posição intervocálica, mudariam em português para as consoantes sonoras correspondentes: lupu > lobo; mutu > mudo; focu > fogo. Tratava-se, deste modo, de uma lei fonética. E como esta, teríamos muitas outras leis fonéticas na história interna da língua portuguesa (ou de qualquer outra língua), podendo a Linguística, a partir daí, pretender o título de ciência, graças, pois, ao progresso alcançado pela Linguística Histórica no estudo da mudança linguística.

O método comparativo foi, desta maneira, um auxiliar da mais alta valia para os estudos etimológicos, contribuindo para a solução de muitos casos de origem problemática. Tomemos como exemplo o verbo "ousar". Em latim literário se tinha "audere". Contra esta forma latina, dois problemas para ela não servir de étimo: o verbo não pertencia à primeira conjugação e não continha o fonema /z/. Apelando-se então para a comparação da forma do português com a de outras línguas românicas (francês "oser", italiano "osare", espanhol "osar") e conhecidas as leis fonéticas que regularam a evolução das palavras nas mencionadas línguas, só há uma palavra que pode justificar a existência das formas românicas, que é "ausare", verbo formado ainda no latim, a exemplo de outros, do particípio "ausus", de "audere". (Coutinho, 1976:14)

De acordo com a orientação neogramática, as leis de mudança de som operam sem exceção. As aparentes exceções eram passíveis de ser explicadas, porque não se haviam determinado com precisão as condições do fenômeno (é o caso das chamadas palavras eruditas, que foram tomadas diretamente do latim literário, sobretudo no período renascentista, como capítulo, arena, direto, clamar, flama, comparar, decreto), ou porque a exceção aparente resultaria da ação da analogia, sempre atuante.

Foi por ação analógica, por exemplo, o conhecido caso da palavra portuguesa estrela, proveniente do latim stella, em que o -r- é explicado por influência do item lexical astro, pertencente ao mesmo campo semântico, uma aproximação semântica, pois, propiciadora da ação analógica. A analogia é, pois, a configuração análoga da expressão em face da configuração do conteúdo.

Duas características marcam as mudanças linguísticas. A primeira é que são graduais, paulatinas. Não há mudanças bruscas. Costuma-se, é verdade, apresentar, nos manuais de história da língua e no ensino desta, na extensa evolução do latim corrente ao português, um quadro de mudanças não graduais, apenas com as formas inicial e final da mudança linguística: pausare > pousar, ausare > ousar (passagem de au > ou e de /s/ > /z/) ou clave > chave, clamare > chamar. Certamente que uma passagem de cl- para ch- não se processou imediatamente; houve, com certeza, um período de transição fônica entre a forma latina e a portuguesa.

Em certos exemplos, aparecem registradas, na cadeia evolutiva, formas intermediárias, como em ponere > põere > poer > pôr, avena > avẽa > avea > aveia. As formas intermediárias (mudanças já graduais) ocorrem no português arcaico, e as imediatamente anteriores às atuais, no português renascentista. Já em luce > *luze > luz, a forma marcada com um asterisco é tida como hipotética, pela razão de não ser documentada, porém sua ocorrência é tida como certa, pela presença do fonema sonoro /z/, resultado da passagem do /s/, surdo intervocálico, para a consoante sonora homorgânica, antes da perda do -e final.

A segunda característica das mudanças linguísticas é de elas serem encadeadas, isto é, umas dependem das outras, de sorte que vamos ter sempre uma cadeia de mudanças, como em fenestra > fẽestra> feestra> fresta.

Durante o século XIX e parte do século XX, os estudos de mudança linguística se ativeram então mais às mudanças bem afastadas no tempo, tendo como ponto de partida línguas antigas e mais restritas às mudanças de som. Mas mudanças gramaticais e semânticas também foram assinaladas.

Entendemos como mudança gramatical qualquer processo que tenha como resultado uma mudança no sistema gramatical de uma língua, seja no campo morfológico, seja no campo sintático. O exemplo talvez mais clássico de mudança gramatical na passagem do latim para as línguas neolatinas seja a perda da flexão nominal dos casos do latim, com a consequente adoção de uma ordem mais rígida das palavras num enunciado para expressar relações gramaticais nestas línguas.

Sabemos que no latim as funções de sujeito e objeto direto, por exemplo, eram explicitadas através dos casos nominativo e acusativo, respectivamente, com suas flexões próprias (Petrus e Petrum, digamos). De modo que era possível ao falante alterar a ordem dos constituintes frasais, sem prejuízo do sentido inicial do que tinha sido dito. Porém, com a perda progressiva, no latim corrente, do sistema casual, a ordem dos termos oracionais passou a ser fundamental. Em muitas ocorrências do português, só

7. Como as línguas mudam?

mesmo a posição na oração será determinante de um termo ser sujeito ou objeto direto: Pedro louva Paulo e Paulo louva Pedro (passamos a ter sentidos diversos). No latim, no entanto, podíamos dizer Petrus laudat Paulum, Petrus Paulum laudat, Paulum Petrus laudat.

As mudanças semânticas são as mudanças pertinentes às mudanças de significado das palavras. Hoje em dia, há o reconhecimento de alguns mecanismos que podem causar mudanças de significado, como a extensão de emprego deste. Sabemos que o vocabulário latino tinha, em boa parte, uma base rural, emprego que se foi perdendo na evolução para as línguas neolatinas. Um exemplo, entre muitos outros, temos na palavra salário. Em latim, tal item lexical significava originariamente "pagamento em sal pelo trabalho regular de um soldado". Ainda em latim, houve uma extensão de sentido da palavra para "pagamento em qualquer espécie de trabalho regular de um soldado". Em português, houve uma outra ampliação de sentido, como sabemos, para "pagamento em dinheiro pelo trabalho regular de qualquer pessoa". (Gabas Jr., 2001:91-2)

Toda língua falada, já se viu, e a mudança parte em geral da língua falada, está sujeita a um processo constante de mudanças. Ela muda inexoravelmente, e não há nada a fazer para impedir ou controlar isso, apesar de algumas reações iniciais de certo segmento social ou profissional. Na verdade, considerar uma língua estática está associado, em grande parte, a uma concepção de língua como um sistema idealizado em que fatos inovadores que vão despontando são vistos muitas vezes como ameaças à língua, por fugirem do que é considerado padrão, quando, na verdade, devem ser encarados como exemplos da sua maleabilidade para realizar a sua função, a de poder servir aos propósitos dos falantes, portanto, da sua presença na construção das experiências daqueles que estão dela se utilizando, da sua força vital. (Viotti, 2013:173)

A partir de meados do século passado, graças particularmente aos estudos da sociolinguística variacionista, variação e mudança — eis um ponto teórico fundamental — passam a ser entendidas como fenômenos paralelos, dois lados de um mesmo processo linguístico. Não sem razão os dois fenômenos são neste livro focalizados em capítulos vizinhos.

Toda mudança é considerada fruto ou pressupõe uma variação, mas nem tudo o que varia vem a sofrer mudança. Na verdade, mudança é variação no tempo. Quer isto dizer que uma variação observada hoje na fala do português brasileiro pode vir a ser uma mudança após certo tempo de coexistência, digamos, de duas variantes. Note-se que se está afirmando que "pode vir a ser" e não "que será", porque nem toda variação levará necessariamente a uma mudança.

Tarallo (1986:63) assinala que as análises de variantes, em certo momento do devenir de uma língua, apontam, de uma maneira geral, para duas direções distintas: a estabilidade das variantes, que ele chama de adversárias, pela subsistência e/ou coexistência delas; a mudança em progresso, "que reflete uma situação de duelo de morte entre as variantes". Nos dois casos, ele enfatiza, há luta; no segundo caso, "de morte".

Certamente que trabalhar com variação e mudança como fenômenos paralelos pode vir a esclarecer a muitas pessoas e estudantes que a língua portuguesa, embora uma língua formada há séculos, ainda não é uma língua pronta, como qualquer língua nunca se apresenta como pronta, mas está sempre em processo de mudanças, que podem até ser entrevistas pelo jogo das variantes em uso.

Assim, na fala atual do português brasileiro, constata-se atualmente, em ocorrências discursivas menos monitoradas, o uso generalizado da forma "a gente" para referência à primeira pessoa do plural, em substituição ao pronome "nós". Trata-se, no entanto, ainda, podemos dizer, mais de uma variação com estabilidade, pois, mesmo que "a gente" seja a forma de longe prevalente na coloquialidade, o pronome "nós" não se acha ameaçado em circunstâncias de maior monitoramento ou na fala de pessoas que permanecem adotando, nesta dualidade de variantes e em outras, o uso tradicional, em razão sobretudo da educação idiomática recebida e conservada ao longo dos anos.

É notória a reorganização por que passa o português atual do Brasil no seu sistema de pronomes pessoais, com formas como *tu*, *nós* e *vós* enfrentando a concorrência das variantes *você*, *a gente* e *vocês*, respectivamente. Destas três formas, *vós* foi praticamente eliminada, com amplo domínio de uma das variantes (*vocês*), limitado o emprego de *vós* a apenas textos escritos especiais. Mesmo nos textos religiosos, em que outrora o seu uso era quase obrigatório, constata-se seu crescente desaparecimento.

Não podemos assim falar numa estabilidade das variantes ou mesmo numa subsistência delas. Da mesma maneira o pronome *tu* foi perdido em certas regiões do país no caso reto, embora se mantenham preservadas as formas *te* e *teus*. Portanto, no caso reto, desapareceu praticamente em algumas regiões a variação entre *tu* e *você*.

Os estudos etimológicos prosseguem, enfatize-se, entre nós, através das publicações, por exemplo, de Cunha, com os seus importantes Dicionário Histórico das Palavras Portuguesas de Origem Tupi (1978) e Dicionário Etimológico Nova Fronteira da Língua Portuguesa (1982).

Sem dúvida que as pesquisas prevalentes sobre mudança linguística passaram a percorrer, a partir dos anos de 1960, entre nós, outro caminho investigativo, partindo fundamentalmente do postulado de que toda mudança pressupõe uma variação, embora a recíproca nem sempre seja verdadeira. Daí virem vários linguistas brasileiros analisando fatos do português brasileiro atual como exemplos de possibilidade de mudança linguística, em que as variantes em confronto se encontrem ainda em relação de contemporização, ou de mudança praticamente processada, o mais das vezes na língua falada corrente.

Examinemos algumas dessas mudanças em processo no português brasileiro atual:

a) O uso do presente do indicativo em frases imperativas parece predominar na língua falada corrente, refletindo-se também na fala descontraída de personagens em textos literários: "deixa a menina em paz, meu filho", "não fica reclamando não". Nestas circunstâncias discursivas, o emprego das outras formas do imperativo vai rareando;

b) O uso de "ele" e suas variações de gênero e de número como objeto direto pode ser, e não é de hoje, cada vez mais documentado na língua coloquial, mesmo por parte de falantes cultos: "encontrei ele" (o livro), "guardei ela (a poesia) para sempre". Lembremos que já em 1957 Câmara já via tal emprego como "um dos traços mais característicos do português do Brasil", embora concordasse na época que "o ensino nos previne contra tal construção", vendo aí um "erro". (Uchôa, 2004: 96) Mais adiante deste seu artigo, declara, no entanto, peremptoriamente:

> É, todavia, um traço geral típico do português oral de todos os níveis sociais no Brasil; só o evitamos em certas situações nas quais aquele que fala sente toda sua responsabilidade de homem instruído e, mesmo assim, ele não chega sempre a eliminá-lo de todo. (id. 97)

Logo, na língua oral corrente, o emprego do "ele" como objeto direto se mostra como a variante de longe prevalente, configurando-se, assim, uma mudança linguística em processo bem adiantado no contexto delineado;

c) O uso do verbo "ter" a significar "existir" na língua falada por pessoas de todos os níveis sociais, em lugar do verbo "haver", uso que já se pode registrar mesmo em textos escritos de outras épocas da história da língua, sendo, pois, uma tendência antiga do português. Assim, na fala, o mais usual de longe atualmente é se encontrar uma construção como "Hoje tem jogo no Maracanã", soando "Hoje há jogo no Maracanã" como estranha mesmo. O verbo "ter", neste emprego, comporta-se, tal como o "haver", na condição de verbo impessoal, daí a ocorrência de "tinha no curso alunos de várias faixas etárias", "teve muitos feridos no acidente". Note-se ainda que o verbo "ter" aparece como mais frequente do que "haver" na formação de tempos compostos, mesmo em textos escritos formais: "a festa tinha começado com atraso", "não que tivessem ocorrido tantas irregularidades na prova olímpica";

d) A forma simples de futuro está flagrantemente sendo bem menos usual na língua oral, com o predomínio de construções como "vou estudar só no ano que vem", "vou sempre me lembrar da amiga";

e) A presença muito mais frequente atualmente das formas participiais atemáticas como "pego", "pago" e "ganho". Formas temáticas, "pegado", por exemplo, podem ser encontradas, porém, na fala e escrita de pessoas cultas com mais idade, que correm até o risco de despertar o sentimento de estranheza em alguns interlocutores, numa frase como "Pedro foi pegado em flagrante". A forma atemática, como prova de seu emprego ser uma tendência da língua, já é atestada em outros verbos, na fala de usuários de menor escolaridade: "chegar" (O menino já tinha chego quando o pai saiu) ou "falar" (o menino tinha falo a mesma coisa).

Muitas outras ocorrências de mudanças em processo no português brasileiro atual poderíamos mencionar. O mais importante, a esta altura das considerações feitas até aqui sobre mudança linguística na atualidade, é enfatizar que variação e mudança linguística são fenômenos paralelos, esta tendo como ponto de partida aquela, sem que nem toda variação acarrete mudança. Os estudos para a determinação da origem remota de uma palavra, através do método histórico-comparativo, predominantes no século XIX, até os meados do século passado, não foram, contudo, descartados pelos linguistas.

Tendo como base as ocorrências mencionadas sobre o português brasileiro atual, pode-se concluir que o processo de mudanças tem de ser analisado caso a caso, embora ele comece pela língua falada e nela primeiro venha a se propagar mais, ou menos. Assim, nas formas participiais atemáticas "pegado", "ganhado", "pagado", o processo de mudança para as variantes respectivas "pego", "ganho" e "pago" está praticamente consolidado na língua falada, já alcançando mesmo a língua escrita. Já o "ele" e variações como objeto direto se apresentam como as formas que ditam a norma em todas as situações de fala menos monitoradas.

Finalizando estes comentários sobre certas ocorrências no processo de mudanças no português brasileiro atual, ressaltaríamos que estas variantes, antes estigmatizadas pela sociedade de maior prestígio sociocultural, vêm sendo utilizadas, em prosa e verso, com maior ou menor frequência pela língua literária contemporânea, mormente na fala de personagens, ou mesmo do narrador, em conformidade com o seu projeto estético.

O mesmo não se dá, no entanto, em outros textos escritos, como os editoriais de jornais de maior penetração pelo país afora, como os textos de ensaios acadêmicos ou de obras técnicas ou científicas. Na verdade, só a língua literária goza da mais plena funcionalidade, porque ela pode acolher as mais diversas línguas funcionais.

Isto vem a significar que a língua literária não se encontra no mesmo nível das outras variedades, como o da língua corrente ou da língua científica; no sentido de arte literária, ela é o lugar do desenvolvimento pleno e total das possibilidades de atualização de um sistema linguístico, vale dizer, do que é fixado por suas mais distintas normas e por todos os mais diversos e inesperados modos de dizer que uma língua, como atividade criadora, acolhe. Manoel de Barros (2006:X) traduz bem este anseio de alcançar esta "plena funcionalidade": "Quisera uma linguagem que obedecesse a desordem das falas infantis do que as ordens gramaticais. Desfazer o normal há de ser uma norma".

Numerosas são as pesquisas que vários linguistas brasileiros vêm realizando, nestes trinta últimos anos, sobre a nossa realidade linguística, reacendendo o debate, que remonta ao século XIX, acerca da nossa identidade idiomática, com evidentes repercussões na delicada questão de traçar uma política fundamentada para o ensino da língua nos tempos atuais.

8. Enfim, que é ter competência textual?

Já se considerou aqui que na linguagem se podem distinguir três níveis, de acordo com um dos fundamentos da ideologia linguística de Coseriu: o universal, a que corresponde o saber elocucional, o histórico, a que pertence o saber idiomático, e o individual, em que se tem o saber expressivo ou discursivo. Em cada ato de fala, estes três saberes coexistem, embora, como já se mostrou nesta obra, possam ser distinguidos do ponto de vista prático. Focalizou-se o saber elocucional no capítulo dedicado à competência linguística, e o saber idiomático, nos capítulos quatro, cinco e seis. Agora, resta-nos abordar o saber expressivo, o nível individual da linguagem, ou seja, a fala, o uso.

Certo conhecimento da história das ideias linguísticas no século XX nos mostra que Saussure, em seu famoso *Curso de linguística geral* (1916), ao estabelecer a célebre distinção entre língua e fala, ou seja, entre o virtual e o realizado, firmaria que o objeto da ciência da linguagem era a língua, posição esta que dominaria, através do estruturalismo e do gerativismo de Chomsky, os estudos linguísticos, pode-se dizer, até a década dos anos de 1960.

De sorte que, com estas correntes teóricas, a Linguística continuaria a tradição ao se manter como uma linguística das línguas. Já a fala era considerada quase exclusivamente como a realização de uma língua. Tanto Saussure quanto Chomsky, então, ao considerarem a fala e a atuação, respectivamente, só como uma espécie de objeto secundário da Linguística, não formalizam uma linguística da fala. O que Saussure almejava mesmo era tornar a linguística das línguas um estudo coerente, vale dizer, alcançar uma descrição coerente delas, meta não alcançada pela longa tradição que o precede.

É inegável, contudo, que, com o estruturalismo e o gerativismo, se desenvolvem muito, com postulados teóricos distintos, as pesquisas sobre diferentes disciplinas de estudo de uma língua, como a então recente Fonologia – com base no conceito de sons da língua, ou fonemas, firmada a distinção entre sons da língua e sons da fala –, a Morfologia, a Sintaxe e a Semântica.

Partiu-se da disciplina Fonologia, que comporta o menor número de unidades da língua, os fonemas, para a Morfologia, uma disciplina a envolver mecanismos gramaticais menos variados com os morfemas, para, enfim, serem alcançadas as disciplinas mais complexas: Sintaxe e a Semântica. Passou-se a contar, então, por exemplo, com uma Sintaxe Estrutural e uma Sintaxe Gerativa, com uma Semântica Estrutural e uma Semântica Gerativa.

À medida que avançam os estudos linguísticos, observa-se que a fala ficava, a rigor, fora deles, a não ser

8. Enfim, que é ter competência textual?

através de um domínio restrito unicamente ao sentido dos textos literários, com a chamada "estilística dos desvios". "La estilística de las desviaciones supone que el sentido es el resultado de una "desviación" resposta de una "norma", es decir que se produce como desviación frente a lo que es "usual". (Coseriu, 2007:157) Tal estudo, no entanto, não é aceito por Coseriu, a partir do argumento de que todo texto tem sentido, não apenas o literário. (v.Coseriu, 2007, 157,9, para sua explicação total acerca de tal estilística).

O ponto de vista central adotado pelo linguista romeno é que estes "desvios" ocorrem, não pelo afastamento de uma norma estatística, mas pela função que desempenham nos textos mesmo em que ocorrem. Ficava assim a Linguística com uma séria lacuna ao não dar conta do sentido global dos textos, uma unidade abrangente e muito mais complexa, resultante de um ato de fala ou de uma série de atos de fala encadeados.

Coseriu, em ensaio pioneiro publicado em alemão nos anos de 1950 e depois em 1975, versão espanhola de 1992, já declarava naquela época que o importante não era tanto a identificação e exemplificação de fatos e tipos de fatos a investigar em uma linguística da fala, e sim a mudança radical de perspectiva a se processar na Linguística.

Segundo este linguista, não se tem de explicar a fala desde o ponto de vista da língua, mas ao contrário, porque a linguagem é concretamente a fala, uma atividade, e porque a fala é mais ampla que uma língua: enquanto a língua se acha toda contida na fala, a fala não se acha toda contida na língua.

Por isso para Coseriu se deve inverter o conhecido postulado de Saussure: em lugar de colocar-se no terreno da língua, deve colocar-se desde o primeiro momento no terreno da fala e tomá-lo como norma de todas as manifestações da linguagem, inclusive da língua. (1992:73-4) Quantas e quantas vezes somos surpreendidos pela ocorrência de fatos linguísticos, em discursos orais e escritos, que nos causam estranhamento? Por exemplo, em tantas sequências textuais flagradas na linguagem literária: "Em vez de peraltagem eu fazia solidão", escreveu Manoel de Barros (2003, s/p) ou "O fato é que o pente estava sem costela". (2003, III) Quantas acepções textuais, ainda não documentadas pelas gramáticas, de algumas preposições vamos encontrando na leitura continuada de textos escritos ou na fala descontraída de usuários?

Para coroar as suas considerações a propósito da fala, em sua relação com a língua, Coseriu ressalta que a fala é muito mais do que a simples realização de uma língua, de um saber (idiomático) e aplicação mecânica deste saber. Na verdade, tal realização permite que os falantes sejam criativos na fala e que consigam ir além da competência que aplicam criando nova competência. Criatividade não se limita, como lembra Franchi (1987: 43), ao comportamento original, à inspiração e ao desvio. Há também criatividade "no esforço coletivo, comunicado, no diálogo com os outros que garante o exercício significativo da linguagem".

Voltando-se para o estudo da fala, do saber individual, ou expressivo, na terminologia coseriana, no intento de dar um estatuto científico ao estudo deste saber, criam-se teorias distintas muito divulgadas a partir sobretudo dos anos de 1970, através de um sem-número de publicações e através também do mundo acadêmico.

Ao tomar-se o texto como unidade de análise no amplo campo dos estudos linguísticos, a primeira linha teórica a

8. Enfim, que é ter competência textual?

se constituir no nível individual foi a Linguística do Texto, em franca oposição sobretudo à Linguística Estrutural que, como vimos, se atinha ao enfoque da língua considerada como um sistema abstrato que abarcava toda a rede de relações entre as unidades de qualquer língua.

Houve, então, o aparecimento, em vários países, de estudos que objetivavam comprovar a existência de uma competência especial autônoma voltada para a estruturação de textos. Com efeito, passar do estudo das frases ao estudo dos textos requeria uma significativa mudança de enfoque. Uma gramática que dá conta das construções frasais já não se mostra adequada para a combinação dessas unidades num contexto mais amplo. Se é verdade que as frases fazem parte do texto, a análise detalhada de cada uma delas, com seus complementos e adjuntos, não contribuiria para a compreensão textual abrangente.

É verdade, e já abordamos este ponto no capítulo sobre o saber gramatical, que, desde uns tempos pretéritos ao presente, muitos linguistas incluem no plano gramatical de uma língua certas funções idiomáticas que vão além do período, como os procedimentos anafóricos, e isso tem sido chamado de análise transfrástica. Parte-se da frase para o texto. Assim, em "O professor não conseguia uma explicação para os maus resultados das provas. Isto o preocupava muito", o pronome "isto" tem, nesta ocorrência, valor anafórico, por reportar-se ao que está dito na frase anterior. Observe-se que tais procedimentos, variáveis de uma língua para outra, fazem parte do saber gramatical, logo do saber de uma língua, e não da linguística textual. Situam-se, pois, no plano da língua, e não do texto.

Para comprovar que o saber textual é autônomo, em face particularmente do saber idiomático, enfatizemos ainda que qualquer texto se refere às determinações gerais do falar. O sujeito e a situação passavam então a fazer parte da análise linguística, o que antes não acontecia. Mas as determinações gerais do falar são além do sujeito falante e da situação, o destinatário e o objeto da fala. Deste modo, o saber textual se apresenta extremamente variado para atender a estas diferentes determinações. Há normas muito gerais para certos tipos textuais e normas muito precisas para certos tipos de textos, fixadas pela tradição.

O sujeito falante, sempre presente, procura seguir as normas de cada tipo de texto. É na sua atividade verbal que vão se comprovar as normas. O destinatário se faz igualmente presente nos textos escritos, até com a possibilidade de o falante se dirigir explicitamente a ele, como no gênero epistolar ("prezado amigo") ou mesmo no prefácio de um livro ("caro leitor"). A fala também tem um objeto, ou seja, o assunto sobre o que se fala: objetos da ciência, objetos de um esporte, objetos da vida corrente, objetos imaginários. Por fim, fala-se sempre em uma situação, em um conjunto de circunstâncias, ou seja, numa relação específica com o destinatário e o objeto. Pode-se, por exemplo, falar de um mesmo objeto para destinatários bem distintos, como falar da situação social de um país numa conferência ou numa conversa descontraída com um amigo.

Assim, com pessoas praticamente sem escolaridade, pode-se dizer apenas genericamente que se deve falar de maneira simples e fácil de entender e num estilo de língua como o familiar. Mesmo no caso de outros gêneros textuais, não se pode fixar normas específicas, como no romance, o que permite deste modo uma grande liberdade de configuração do texto. No soneto, já se conta, para este tipo de texto, com uma forma fixa, constituída de dois quartetos seguidos de dois tercetos, além da disposição das rimas, em que se adota uma norma menos rígida, concernente à ordem de ocorrência delas no soneto. Quanto ao conteúdo, não se têm, a rigor, normas para este gênero textual. (Coseriu, 1992:181-3) Esclareçamos mais sobre a distinção entre os planos da língua e do texto, com o que se explicitará mais a autonomia do nível textual.

Numa ocorrência como "Paulo não foi à escola. Ele estava doente", temos um texto, cujo sentido é claro, garantido pela coerência (a ser focalizada mais detidamente adiante), mas o processo de correferenciação ditado pela gramática do português — "Paulo não foi... Ele estava..." — situa-se no plano da língua. Admitamos agora que quando uma frase ocorrente em certo texto merece do professor um comentário em que ele se vale das determinações do falar, emissor/ouvinte, situação, assunto ("Menino, quer calar a boca?" — fala já exasperado o professor"), estará momentaneamente e só momentaneamente considerando tal frase como um pequeno texto, pois falará não só da relação entre emissor e ouvinte, como também se reportará a uma dada situação (o mau comportamento de um aluno na sala de aula, o que justifica a irritação do professor).

Certamente, haverá também neste enunciado, colhido de um texto escrito, referência ao sentido "ordem" da frase proferida pelo professor, sentido este que se constitui como uma categoria textual, e não idiomática, valendo-se evidentemente de recursos da língua (o vocativo, a expressão "quer calar-se" e a interrogação).

Logo, há categorias gramaticais (idiomáticas), como indicativo, subjuntivo, singular, plural, interrogação, no tocante ao português, e categorias textuais, responsáveis pelo sentido do texto, como desejo, ironia, dúvida, entre outras, expressos tais sentidos por recursos diversos de cada língua. Não temos em português, como em outras línguas, a exemplo do grego clássico, um modo optativo, portanto, uma categoria gramatical. Assim, o valor semântico de desejo será expresso, por exemplo, pelo modo subjuntivo ("Que os anjos lhe digam amém"). O valor semântico de dúvida poderá se expressar pelo apelo a uma oração interrogativa, categoria da língua ("Choverá?").

Pode um texto constar de uma única oração ("Não corro riscos", por exemplo). Tais textos evidentemente são construídos com recursos gramaticais e lexicais de uma língua, no caso, do português. Mas aí ocorrem na unidade do plano da língua que é a oração, não como textos. Nesta ocorrência, resultado de um ato verbal isolado, o destinatário pode ser o próprio falante, tendo como objeto do comentário certa situação de perigo, e a situação é a própria situação vivenciada.

A competência textual se apresenta ainda como autônoma pela valorização distinta que um texto comporta em relação à que se procede no tocante à língua. Este ponto, já o focalizamos no capítulo dedicado à competência linguística. Como insiste em argumentar Coseriu (1992: 198-9), na competência textual não se leva em conta se algo expresso é correto ou não, mas se deve comprovar se uma ocorrência é adequada ou não ao ouvinte ou leitor, ao objeto ou à situação. Pode-se mesmo ter um ato verbal correto no que

8. Enfim, que é ter competência textual?

concerne à língua ("Pode trazer-me mais uma garrafa de cerveja?", frase dirigida pelo falante ao garçom num bar), mas que não se mostra adequado à situação vivida. Mais um fato a comprovar a autonomia da competência textual em face da competência idiomática. Num outro ato verbal ("Estes jogos [com o tônico dito com timbre fechado] se tornaram frequentes") há uma incorreção neste timbre fechado da vogal tônica, tratando-se de falante culto, mas o texto é adequado a qualquer situação ou ouvinte.

Vamos encontrar em algumas séries didáticas a proposta de se substituir o conceito de correção pelo de adequação. Tal proposta não se sustenta por tudo o que já aqui se comentou. Na verdade, são conceitos distintos, pois se reportam, como vimos, a níveis diferentes da competência linguística: correção, nível da língua, adequação, nível do texto.

A adequação se mostra mais flexível, já que um mesmo falante, ao vivenciar episódios sociais bem distintos, escolhe um estilo de fala que, em cada um destes episódios, não cause estranheza. Um falante culto, por ter um domínio mais abrangente dos recursos de sua língua, aqui entendidos como recursos condizentes com diferentes estilos de fala, terá por isso melhores condições de se mostrar um falante competente em sua diversificada prática discursiva.

Com efeito, não causa estranheza ao meio social em que vive um falante culto se valer ele de recursos idiomáticos de níveis de estilo bem distintos, desde o emprego de um léxico marcadamente culto e de uma sintaxe caracteristicamente de estilo monitorado ("Convencê-lo-ei dos meus argumentos", "Em se tratando de causas criminais", "Sobre ser bem-vindo, faremos belos passeios"), até a utilização de termos bem correntes e de uma sintaxe informal ("Tá me ouvindo bem?", "A gente saiu às pressas").

Em todas estas ocorrências, o falante culto se mostra correto (valeu-se de recursos de uma das variedades da língua) e adequado (pois soube empregar recursos da língua apropriados às distintas situações de fala).

Há ainda em relação aos textos, além de normas e de critérios próprios que garantem a sua autonomia ante o nível da língua, um conteúdo especial, não mais o designado ou o significado, mas o sentido. Todo texto terá sempre um sentido, que manifesta as opiniões, as atitudes ou intentos do falante ou do escritor. Coseriu (1992:205) assinala que é possível uma pessoa entender perfeitamente um enunciado sob o ponto de vista da língua, ou seja, suas palavras, a combinação delas, recursos gramaticais presentes, mas que, apesar disso, se perguntar: qual o sentido do que você falou? Ou: que você quis dizer? Está expressando uma ordem ou um pedido, ou uma súplica? Sua intenção do que falou é de perguntar ou de censurar?

Tem-se então já aqui a preocupação com o sentido de cada frase, unidades e combinação delas orientadas para a obtenção de um sentido, preocupação distinta da apreensão do significado dado por unidades da língua. Ilustrando: nas frases "E se você fizesse o exercício?", "Você deve fazer o exercício" e "Faz o exercício!" (Travaglia, 1996:200-1), no reconhecimento dos tempos e modos verbais e do conector se, por exemplo, se está ainda no nível do reconhecimento de formas da língua com os seus respectivos significados. Porém, ao se entender que, na primeira frase acima, apreendemos o sentido de sugestão, na segunda, preferencialmente

8. Enfim, que é ter competência textual?

o sentido de conselho e, na terceira, o de uma ordem, já estamos no nível textual: a rigor, alternando formas distintas substitutas do imperativo para justamente construir sentidos frasais diferentes.

No intercurso social através da linguagem verbal, um interlocutor pode perfeitamente não entender bem um enunciado porque ignora o significado de uma palavra, registrado num dicionário da língua, mas pode também não entender o que foi dito pela dificuldade de apreensão do sentido textual, razão frequente dos desentendimentos entre falantes: "Mas foi isto o que eu quis dizer" e "Mas não foi isto que eu entendi".

Portanto, no tocante à fala, devemos reconhecer que há um conteúdo especial e autônomo que corresponde a um saber especial: o saber expressivo.

Na linguagem literária particularmente, a distinção entre significado e sentido, como já foi focalizado no capítulo sobre competência linguística, é muito frequente, ao contrário do que se dá na linguagem em que predomina a denotação, quando teremos textos com os dois estratos identificados. Insistimos: os dicionários registram o significado ou os significados das palavras como unidades da língua. Os sentidos diversos que as palavras vêm a assumir ocorrem nos textos, não podendo os dicionários registrá-los, apenas um ou outro mais frequente de ocorrência discursiva.

Drummond, no seu conhecido poema "Procura da poesia", afirma que o poético se situa no nível da linguagem, através, diríamos, especialmente dos sentidos que cada palavra adquire na linguagem poética ("mil faces secretas"): "Chega mais perto e contempla as palavras./Cada uma/

tem mil faces secretas sob a face neutra/e te pergunta, sem interesse pela resposta,/pobre ou terrível que lhe deres: Trouxeste a chave?" (Andrade, 1956:30) Atente-se para a expressividade, que só com o sentido textual se poderia alcançar, de "mil faces secretas", "Cada palavra... te pergunta" "Trouxeste a chave?".

Os linguistas que se dedicaram à Linguística Textual se concentraram em alguns postulados comuns. Por exemplo, consideram que não há uma continuidade entre frase e texto, já que a significação de um texto (o seu sentido) é diferente da soma das partes do enunciado. Tomemos o seguinte exemplo:

> A "foto" pertence ao mundo da banalidade: o piquenique, o turismo, a festa. Combina com Bic, com chicletes, com Disneylândia. Tirar uma foto é gesto automático, não precisa pensar. É só apertar um botão. (Alves, 2011:106)

O que dissemos antes de mencionar este exemplo fica evidente com esta ilustração. O sentido textual não é o resultado da soma das quatro frases que constituem o enunciado acima. A pergunta a ser feita deve ser então: qual o sentido deste texto? A apreensão de tal sentido pode ficar prejudicada, se algum falante ignorar o significado, nível da língua, de uma das palavras.

A intenção do autor do texto foi a de explicitar como o tirar uma foto se tornou um ato pertencente ao mundo dos feitos instantâneos, ou seja, que não exigem uma meditação metafísica, religiosa. Tirar uma foto, neste sentido, é comparável a chupar chicletes, usar uma Bic. Basta apertar um

8. Enfim, que é ter competência textual?

botão, a simbolizar, no texto de Alves, a instantaneidade, o automatismo, logo, a banalidade.

Em cada elemento que se considere de um texto deve-se tentar reconhecer a sua função para a obtenção do sentido global. Desta maneira, "piquenique" ou "festa" são elementos que servem para corroborar ações automáticas em meio a tantas outras mencionadas, cuja sucessão é essencial para se obter e reforçar o sentido global do texto. "Foto" é a unidade central, objeto para cuja banalidade se quer chamar a atenção (daí a função da expressão "não precisa pensar").

Segundo Bentes (2000:250) todo falante de uma língua possui um conhecimento acerca do que seja um texto, "conhecimento este que não é redutível a uma análise frasal... como também sabe reconhecer quando um conjunto de enunciados constitui um texto ou quando se constitui em apenas em um conjunto aleatório de palavras ou mesmo de frases".

No entanto, observe-se, um texto pode ser construído por palavras isoladas, como este que figura na capa de um pequeno caderno, como lembrança do Natal e do Ano-novo: "Feliz Natal. Paz. Magia. Harmonia. Prosperidade. Realizações. Alegria. Felicidade". As palavras e sintagmas não são unidades soltas. Elas se conectam semanticamente, possibilitando, assim, a construção de um sentido textual: uma mensagem que veicula a intenção do emissor, a de desejar boas-festas. Vê-se, pois, que o texto pode assumir configurações bem distintas, mas sempre carreando um sentido próprio.

Bentes acrescenta ainda que o falante de uma língua é capaz de resumir ou parafrasear um texto, perceber se ele está completo ou incompleto, atribuir-lhe um título ou mesmo produzir um outro texto a partir de um texto dado.

Apesar de todas as pesquisas que a Linguística Textual despertou, o conceito de texto, objeto do seu estudo, tem merecido, da parte de inúmeros linguistas de distintas formações, abordagens bem diferentes, a partir sobretudo dos anos de 1970.

Como mostra Koch, sem dúvida o grande nome dos estudos sobre Linguística Textual no Brasil, com um elenco de obras dos mais expressivos, a partir de *Linguística Textual: introdução* (1983), em coautoria com Fávero, o conceito de texto sofreu mudanças importantes, ao longo dos estudos linguísticos, resultado de um processo de reflexões e de posições distintas ante tal objeto de pesquisa. (Koch, 2002:16-20) A maioria das considerações que iremos assumir daqui para diante se basearão especialmente em postulados defendidos por Koch a respeito do texto, da sua produção e recepção.

De início, na concepção duradoura de língua como representação do pensamento e de sujeito como o senhor absoluto de suas ações e, pois, do seu dizer, o texto era encarado como um produto lógico do pensamento, não restando ao ouvinte ou leitor senão "captar" tal representação mental, cabendo-lhe, deste modo, um papel fundamentalmente passivo. Logo, o texto era visto como uma estrutura acabada e pronta, ou seja, como resultado de uma competência linguística social e idealizada. Caminho para uma leitura única e autoritária. No ensino da língua, a indagação prevalente, após a leitura de um texto, era: "que o autor diz neste texto?".

A seguir, com o estruturalismo, dentro da concepção de língua como código, mero instrumento de comunicação, e de

8. Enfim, que é ter competência textual?

sujeito como (pre)determinado pelo sistema, isto é, submisso ao código, o texto já passa a ser visto como simples produto da codificação por parte de um emissor a ser descodificado, por outra parte, por um falante ou ouvinte, cabendo a este também o conhecimento do código, visto que o texto, uma vez codificado, é totalmente explícito. Evidentemente que também nesta concepção o papel do receptor é de todo passivo. No ensino da língua, a indagação básica após a leitura de um texto era: "que mensagem o emissor dirige aos receptores?".

Ao já se adotar a concepção de língua, não como um sistema acabado (a língua nunca é um produto pronto), mas como um sistema aberto a possibilidades, em que os sujeitos são vistos como construtores sociais (atores), o texto passa a ser considerado o próprio lugar da interação, e os interlocutores como sujeitos ativos que nele, dialogicamente, se constroem e são construídos. Podemos então com mais precisão denominar esta concepção de interativa. Passa então o texto a dever ser produzido e lido, por exemplo, com seus diferentes implícitos, quando, e somente quando, se tem o contexto sociocognitivo dos interlocutores como pano de fundo. Os implícitos, veremos adiante, fazem parte essencial da competência textual do leitor, se este quiser alcançar uma compreensão mais profunda do que ouve ou lê.

Koch (1998:69-70) faz ver que a compreensão deixa, então, de ser entendida como simples "captação" de uma representação mental ou como a descodificação de mensagem resultante de um emissor, para ser entendida como uma atividade interacional altamente complexa de produção de sentidos. No ensino da língua, a leitura de um texto sofre então uma mudança radical, que é reconhecida pelos Parâmetros Curriculares de Língua Portuguesa, concernentes aos terceiro e quarto ciclos do ensino fundamental.

A leitura é o processo no qual o leitor realiza um trabalho ativo de compreensão do texto, a partir de seus objetivos, de seu conhecimento sobre o assunto, sobre o autor, de tudo o que sabe sobre a linguagem etc. Não se trata de extrair informação, decodificando letra por letra, palavra por palavra.

O texto vai exigir então do receptor a ativação de conhecimentos armazenados em sua memória, adquiridos através de inúmeras atividades ou experiências em que se envolveu ao longo de sua vida, deixando entrever assim a intrínseca relação entre linguagem/mundo/práticas sociais. (Koch; Elias, 2009:37-52)

Uma palavra sucinta sobre cada um dos conhecimentos ativados na escrita. Tratar separadamente cada um desses conhecimentos tem mera função didática.

Produzir ou ler um texto exige o conhecimento de certa língua, da sua ortografia, gramática e léxico, conhecimento que vamos adquirindo, mais ou menos, em nossas incontáveis práticas comunicativas como sujeitos sociais que eminentemente somos. Numa perspectiva interacional, escrever obedecendo às normas ortográficas é um procedimento importante, porque demonstra uma atitude colaborativa do escritor no plano da comunicação e mesmo a consideração por ele dispensada ao leitor.

A pontuação como parte dos conhecimentos gramaticais tem, na verdade, sua importância textual, ao sinalizar essencialmente com ela, o escritor, uma forma preferencial

de leitura. Um expressivo exemplo, entre outros, colhido em Koch e Elias (2009: 40) sobre o emprego da vírgula:
A vírgula pode mudar uma opinião:

NÃO QUERO LER.
NÃO QUERO LER.

A vírgula pode acusar a pessoa errada:

ESSE JUIZ É CORRUPTO.
ESSE JUIZ É CORRUPTO.

O léxico faz parte importante do conhecimento linguístico. As palavras lexicais carregam com frequência prestígio/desprestígio social, valorizando ou desvalorizando então o falante ou quem escreve em certos contextos. Assim, se um vizinho, com quem se tem uma relação superficial, protocolar, nos pergunta num encontro casual: "Que houve com o senhor? Foi acidente?", ao nos ver com o rosto inchado, e respondemos: "Foi mesmo uma porrada que levei de um assaltante", a palavra "porrada" carrega, neste contexto de uso, certo desprestígio social e as implicações disso no plano interacional (não se trata de uma pessoa educada).

Produzir ou ler um texto requer também conhecimentos sobre o mundo. Cada falante vai armazenando no correr de sua vida conhecimentos distintos, na dependência da soma das experiências socioculturais que for acumulando, com reflexos evidentes na formação do seu léxico ou vocabulário. Nos textos científicos e técnicos, por exemplo, vamos encontrar palavras pertencentes a uma linguagem especial, por isso mesmo são textos que se destinam à interação com leitores que compartilhem os mesmos conhecimentos. Em textos ensaísticos, costumam ocorrer expressões cuja compreensão exigirá nosso conhecimento enciclopédico. Ilustrando: o escritor emprega, num ensaio, a expressão "O bruxo do Cosme Velho" para se referir a Machado de Assis, conhecimento culturalmente constituído, mas que pode ser ou não compartilhado pelo leitor.

Produzir ou ler um texto requer ainda conhecimento de textos, de inúmeros "modelos" em que se apresentam as práticas comunicativas configuradas e repetidas nos textos: são os gêneros textuais, que, segundo Koch e Elias (2009: 59-62), podem ser assim caracterizados, em termos propostos por Bakhtin, grande filósofo russo (1895-1975), pioneiro nos estudos teóricos sobre os gêneros do discurso: antes de mais nada, uma forma de composição (um plano composicional). Pensemos, por exemplo, no gênero carta. Sua composição é por demais conhecida, constando dos seguintes elementos: local e data do seu envio, saudação inicial, mensagem, saudação final e assinatura. O receptor, ante tal texto, reconhecerá facilmente que está ante o gênero carta.

Além do plano composicional, os gêneros distinguem-se pelo conteúdo temático e pelo estilo. O conteúdo temático refere-se ao tema abordado, esperado no gênero adotado, no caso, o gênero carta. Nesta tal conteúdo comporta certa variação em função, digamos, do tipo de carta: comercial, familiar, amorosa... No entanto, quem escreve estará sempre atento ao gênero, levando-o a pautar o conteúdo também pelo destinatário a que se dirige: gerente de uma empresa ou uma namorada acarretam conteúdos bem distintos,

8. Enfim, que é ter competência textual?

mas sempre dentro do gênero, pois o plano composicional permanece o mesmo.

Já o estilo está vinculado ao tema, mas ainda, como no caso da carta, à relação entre quem a escreve e a quem ela se destina. Se se trata de uma declaração de amor, o estilo, numa mensagem, em geral, breve, será um estilo íntimo, informal. Romper com esta organização do gênero carta causará um sentimento de estranheza: e isso só reforça o "modelo" que se construiu socialmente para a produção de uma carta. A simples omissão do destinatário ou da saudação final será sentida pelo leitor.

Em suas considerações finais acerca dos gêneros, Koch e Elias (2009: 61-62) enfatizam:

> O ensino dos gêneros seria, pois, uma forma concreta de dar poder de atuação aos educadores e, por decorrência, aos seus educandos. Isso porque a maestria textual requer – muito mais que outros tipos de maestria – a intervenção ativa de formadores e o desenvolvimento de uma didática especial.

E em outro parágrafo pouco depois:

> Assim, as diversas práticas de linguagem podem ser relacionadas, no ensino, por meio dos gêneros – vistos como formas relativamente estáveis tomadas pelos enunciados em situações habituais (...) Os gêneros ligados a cada uma dessas práticas são um termo de referência intermediário para a aprendizagem, uma "megaferramenta" que fornece um suporte para as atividades nas situações de comunicação e constitui uma referência para os aprendizes.

Por fim, a construção e recepção de um texto requer um conhecimento interacional, ou seja, das formas de interação por meio da linguagem, como a de saber selecionar a variedade linguística adequada à situação de interação. Em uma conferência, a variedade culta da língua, num estilo bem formal, levando também em conta o nível sociocultural da plateia, certamente não causará estranheza, não se constituindo, deste modo, em um fator de resistência não cooperativa por parte dos ouvintes.

Adotada a perspectiva sociocognitiva interacional do texto, Koch sinaliza para o fato de que teremos à nossa disposição mais de uma definição de texto. Vale-se mesmo da definição de texto proposta por outro autor, como a de Beaugrande (1997:10): "evento comunicativo no qual convergem ações linguísticas, cognitivas e sociais". Não se esquecendo de acrescentar, com Bakhtin, que se trata necessariamente de um evento dialógico, de interação entre sujeitos sociais – contemporâneos ou não, presentes ou não, do mesmo grupo social ou não, mas em diálogo constante. (Koch, 2002:20)

Contudo a linguista brasileira apresenta uma definição de texto, válida evidentemente para o texto oral e para o texto escrito, que sintetiza muito bem todos os conhecimentos necessários para a sua produção e recepção, não podendo ele existir fora de uma ou outra, predeterminado, parte de uma atividade verbal consciente e interacional, ultrapassadas as concepções de sujeito como senhor absoluto de seu dizer e de receptor com um papel essencialmente passivo. Eis uma das definições propostas por Koch (1997:22) para texto, aquela que nos parece mais totalizante e, deste modo, convincente:

8. Enfim, que é ter competência textual?

Poder-se-ia, assim, conceituar o texto como uma manifestação verbal constituída de elementos linguísticos selecionados e ordenados pelos falantes durante a atividade verbal, de modo a permitir aos parceiros, na interação, não apenas a depreensão de conteúdos semânticos, em decorrência da ativação de processos e estratégias de ordem cognitiva, como também a interação (ou atuação) de acordo com práticas socioculturais.

Consideremos o seguinte enunciado:

> Eu gosto de goiaba, mas não gosto de comer goiaba. Ela tem uns caroços que não são grandes, mas são duros: você deve mastigar com cuidado, só até seus dentes tocarem um deles, então você para – é como se nunca pudesse fruir plenamente das potencialidades da goiaba. Eu gostava de Alice, mas não gostava de namorar Alice. Ela tinha umas implicâncias que não eram grandes, mas eram pétreas: eu tinha de me aproximar com cuidado, só até roçar em suas defesas – era como se eu nunca pudesse fruir plenamente das potencialidades da Alice. Quando terminamos, pensei: nossa, que mulher incrível seria Alice sem caroços. (Prata, 2016:100)

Ninguém deixaria de considerar este enunciado como um texto. Um linguista já explicaria a sua construção como formada, em sua superfície, de elementos linguísticos selecionados por quem o escreveu (pertencentes, como se constata, a classes distintas: substantivo, adjetivo, verbo, pronome e conectores, como as preposições, conjunções, relativos) e ordenados durante o ato verbal, segundo o que a gramática da língua e também prescrições de ordem cognitiva preconizam. Tal ordenação possibilita a ocorrência sequencial de estruturas oracionais, de períodos e ainda entre períodos. Leve-se ainda em conta os sinais de pontuação, que, conforme já acentuamos, são vistos, numa visão textual-discursiva, como "marcas do ritmo da escrita".

Desta maneira, é possível aos interlocutores, na interação, ir depreendendo o sentido do texto. O texto de Prata é todo estruturado na base de semelhanças e oposições entre goiaba e Alice, entre ser inanimado e ser animado, muito sugestivo para as prescrições cognitivas, pois, determinando assim a seleção lexical por parte do escritor. Ele termina como que alcançando certa identidade entre os dois: "Que mulher incrível seria Alice sem caroços".

Ilustrando o ponto sobre as prescrições cognitivas, atentemos para as diferentes expressões utilizadas, respectivamente, para a goiaba e para Alice: "mas não gosto de comer goiaba" x "mas não gostava de namorar Alice"; "Ela (a goiaba) tem uns caroços" x "Ela (Alice) tinha umas implicâncias"; "caroços que não são grandes, mas são duros" x "implicâncias que não eram grandes, mas eram pétreas"; "você deve mastigar com cuidado" x "eu tinha que me aproximar com cuidado"; "só até seus dentes tocarem um deles (caroços)" x "só até roçar em suas defesas".

A atividade verbal que tem como resultado um texto como o acima transcrito deixa clara a dialogicidade ou interação necessária entre os interlocutores, no caso, entre quem escreve e quem lê. Ambos são, afinal, parceiros ou coautores na construção textual. O leitor não pode ser, deste modo, passivo, numa visão redutora de leitura. Para esta

8. Enfim, que é ter competência textual?

atividade verbal, o escritor precisou também ativar um dos "modelos" que domina sobre práticas comunicativas, que são, já aqui explicitado, os gêneros textuais.

O texto de Prata pode ser caracterizado como uma crônica. Uma crônica com pendor literário que ela exibe, através sobretudo do jogo já referido de semelhanças e oposições entre goiaba e Alice, no intuito de aproximar o animado e o inanimado. O escritor trata o leitor expressamente de "você". Você é então todo leitor, qualquer destinatário. Este, por sua vez, vai, à medida que lê a crônica, tornando-se seu coautor, não importando o sentido que lhe atribua. O que prevalece é sua leitura, sempre.

A crônica não tem um plano composicional rígido, marcada por uma sequência textual narrativa, com a participação ou não de um ou mais personagens. O conteúdo temático da crônica é bem variável, podendo até ser a narrativa em que o cronista, certo dia, confessa não estar encontrando um assunto para falar. O humor se faz presente com frequência. No texto em destaque, ele se faz sentir na frase final "nossa, que mulher incrível seria Alice sem caroços". Seu estilo também pode variar, numa escala desde o mais informal, espontâneo, até o que exige, pelo tema focalizado, por exemplo, um estilo mais cerimonioso. A crônica de Prata estaria num nível intermediário, nela prevalecendo construções sintáticas e léxico correntes, mas com uma ou outra palavra de uso mais culto, como "pétreas" e "fruir".

Portanto, na produção e recepção de textos, devemos centralizar nossa atenção no sentido global dele, que envolve conhecimentos diversos, como vimos, e dois procedimentos, tidos, em geral, como os essenciais para a construção e recepção deste sentido, só alcançável no nível textual, estrato semântico autônomo, como já esclarecemos, do significado, registrável este, no tocante às palavras, nos dicionários. Estes dois procedimentos ou fenômenos essenciais são a coesão e a coerência, que têm merecido a atenção especial de numerosos e conceituados linguistas.

Detenhamo-nos primeiro na coesão textual. Segundo Koch (1997:35), a coesão pode ser descrita como o fenômeno que diz respeito ao modo como os elementos linguísticos presentes na superfície textual encontram-se interligados, por meio de recursos também linguísticos, formando sequências veiculadoras de sentido.

Ela é linear, portanto, já que se manifesta na organização sequencial do texto. Em outras palavras, a coesão é o estudo do modo como os elementos da superfície textual se relacionam, o modo como frases ou parte delas se combinam para assegurar um desenvolvimento proposicional.

A seguir, consideremos um texto para analisar alguns mecanismos de coesão textual nele presentes:

Sugestão

> Recebi dois *e-mails* que me deram grande alegria. Um deles, de uma mulher que me falava de sua mãe. O outro, também de uma mulher, falava-me de sua avó. A primeira me contava de sua mãe, já velha, como eu, que estava mergulhada numa profunda melancolia. Passava os seus dias com olhar perdido. Certamente pensava no fim que se aproximava. Nunca havia lido um único livro em toda a sua vida. Na tentativa de tirar sua mãe da depressão, começou a ler para ela alguns dos meus textos. Um milagre aconteceu. Ela ressuscitou. Começou a

8. Enfim, que é ter competência textual?

> ler e agora não queria parar de ler. A outra me contou algo semelhante. Sua avó vivia a tristeza de duas perdas: a do marido e a da filha. A neta teve a mesma ideia: começou a ler para a sua avó. O mesmo milagre aconteceu. Agora não parava de ler. O que teria acontecido? Talvez eu, velho, tivesse colocado, em palavras, coisas que estavam nas suas almas. A grande tristeza da velhice é a solidão. Lembro-me de uma tola, tentando consolar um velho de 92 anos que só vivia de saudades: "É preciso esquecer o passado! É preciso olhar para a frente!". Mas que "para frente" existe na alma de um velho de 92 anos? Talvez uma coisa simples e barata que pode ser feita para os velhos é ler, para eles, literatura – quem sabe poesia? A literatura liberta-nos da solidão. E traz alegria. (Alves, 2011:120)

Examinemos então alguns mecanismos de coesão utilizados pelo narrador do texto para a construção deste e para manifestar a sua avaliação sobre o possível valor da leitura (sentido textual), mormente da literatura, para a velhice tomada pela solidão.

Costumam os linguistas, tomando por base a função dos mecanismos coesivos, reconhecer a existência de duas modalidades de coesão: a coesão referencial e a coesão sequencial. A primeira se dá quando um componente da superfície do texto faz remissão a outro do mesmo texto. Chamemos ao primeiro componente de forma referencial e, ao segundo, de referente textual.

A remissão, no texto transcrito acima, é feita, por meio de recursos diversos (substituição, elipse...), para trás, ou seja, para um elemento textual anterior, quando é chamada então de referência anafórica. Uma ocorrência isolada de referência catafórica, remissão para um elemento textual posterior, temos no enunciado "Ela era também responsável, a sua irmã".

Certos exemplos de coesão referencial que contribuem para a estruturação do texto citado: "recebi dois e-mails... Um deles" (um deles remete a dois e-mails); "uma mulher que falava de sua mãe" (sua remete à mulher); "O outro" (remete a e-mail); "A primeira me contava" (a primeira remete à mulher, a que é apresentada como mãe); "como eu" (remete ao predicado elíptico "sou velho"); "Nunca havia lido um único livro em toda a sua vida" (sua remete à mãe); "Na tentativa de tirar sua mãe da depressão" (sua remete à autora do primeiro e-mail); "começou a ler para ela" (ela remete à mãe); "alguns dos meus textos" (este sintagma remete ao narrador); "Ela ressuscitou" (ela remete à mãe); "Começou a ler e agora não queria parar de ler" (sujeito elíptico "a mãe" para as duas formas verbais "começou" e "queria"); "Sua avó" (sua remete à autora do segundo e-mail); "duas perdas: a do marido e a da filha" (os "a" remetem a perdas); "coisas que estavam nas suas almas" (suas remete à mãe e à avó).

O segundo modo de coesão textual, de procedimentos, pois, para a construção de um texto, é a coesão sequencial. Só a coesão referencial não pode dar conta da estruturação de um texto, possibilitando que ele seja efetivamente um texto e não um mero conglomerado de frases desconexas.

A coesão sequencial diz respeito aos procedimentos linguísticos por meio dos quais se estabelecem, entre segmentos do texto (enunciados, partes de enunciados, parágrafos e mesmo sequências textuais), diversos tipos de relações semânticas e/ou pragmáticas, à medida que se faz o texto progredir. (Koch, 1989:49)

Com base no mesmo texto citado de Alves, sinalizemos, valendo-nos de algumas ocorrências, para este segundo modo de coesão textual.

"Mas que 'para a frente' existe na alma de um velho..." (o conector mas estabelece uma relação de oposição de ideias); "E traz alegria" (o conector e soma argumento a favor do que diz o narrador); "A primeira (mulher)... A outra..." (correlação a favor da progressão temática); "O outro, também de uma mulher" (também marca uma extensão de autoria do primeiro e-mail); "A neta teve a mesma ideia" (mesma reforça a reiteração da ideia que se explicita a seguir).

Pode-se observar, pelos exemplos mencionados, que a coesão sequencial vai se manifestando ao longo de um texto através de princípios que não são meramente formais e sintáticos, mas também semânticos, pois tais princípios, ou mecanismos, permitem estabelecer, entre elementos linguísticos do texto, relações de sentido. Segundo Halliday e Hasan (*apud* Koch, 1989:17),

> ...a coesão ocorre quando a interpretação de alguns elementos no discurso é dependente da de outro. Um pressupõe o outro, no sentido de que não pode ser efetivamente decodificado a não ser por recurso ao outro.

Na frase final do texto de Alves, "E traz alegria", o *e* tem uma forma, um valor sintático (de conector coordenativo), e um valor semântico, que torna possível à expressão, no contexto verbal em que ocorre, alcançar um sentido, no caso, enfatizar, fortalecer, o argumento do narrador acerca da importância da leitura a ser feita para o entretenimento dos velhos.

Pode-se perfeitamente ter um texto sem a ocorrência de elementos coesivos, mas cujo sentido global é garantido pela coerência das unidades que o compõem:

> Muitos anos atrás. Memória apagada da vida. No princípio era o verbo. O nada não tem direção.

Apesar desta constatação, não se pode negar que a presença de elementos coesivos dá, ao texto, sem dúvida, maior legibilidade, uma vez que explicita os tipos de relações entre elementos linguísticos que compõem o texto, sendo um mecanismo, pode-se dizer, desejável da manifestação superficial da coerência.

Pode, ao contrário, haver elos coesivos num enunciado, sem que este venha a constituir um texto, já que lhe faltará a coerência, garantidora do sentido textual (sobre o fenômeno da coerência, teceremos considerações detalhadas um pouco adiante):

> O dia está bonito, pois ontem encontrei seu irmão no cinema. Não gosto de ir ao cinema. Lá passam muitos filmes divertidos. (Koch, 1989:19)

Não se tem, evidentemente, aqui um texto, e sim a mera sequência de frases desconexas entre si, impossibilitando a construção de um sentido global, apesar da presença de recursos coesivos, como o conector pois, o advérbio ontem, o possessivo seu, a repetição do item lexical cinema e o advérbio pronominal lá.

Paralelamente ao conceito de coesão, formando, pode-se dizer, uma espécie de par opositivo/distintivo com ela, vamos encontrar nos estudos textuais o conceito de coerência. Esta, ao contrário da coesão, cujos mecanismos se situam na superfície textual, como vimos, é algo que se estabelece na interação, ou seja, na interlocução, numa situação comunicativa entre dois usuários. De acordo com Koch e Travaglia (1993:11-12), é a coerência

> que faz com que o texto faça sentido para os usuários, devendo ser vista, pois, como um princípio de interpretabilidade do texto. Assim, ela pode ser vista também como ligada à intelegibilidade do texto numa situação de comunicação e à capacidade que o receptor do texto (que o interpreta para compreendê-lo) tem para calcular o seu sentido. A coerência seria a possibilidade de estabelecer, no texto, alguma forma de unidade ou relação. Essa unidade é sempre apresentada como uma unidade de sentido no texto, o que caracteriza a coerência como global, isto é, referente ao texto como um todo.

A seguir os autores mencionados insistem em que a coerência é global, ao contrário da coesão, que é linear, global e hierarquizadora dos elementos do texto, ou seja, os sentidos desses elementos se subordinam ao sentido global unitário, os atos de fala que realizam se subordinam ao macroato de fala que o texto como um todo representa.

Portanto, a coerência é vista como uma continuidade de sentidos que se mostra perceptível no texto, resultando numa conexão conceitual cognitiva entre elementos do texto, como se procurará evidenciar pouco adiante com base no mesmo texto de Alves, "Sugestão" (p. 236-7), de que se valeu o autor para mostrar alguns dos seus mecanismos coesivos.

De sorte que podemos afirmar que é a coerência que torna um conjunto de frases um texto, porque um texto é a sequência de frases com relação entre si, cabendo justamente à coerência estabelecer tais relações. Por isso ser acertada a afirmação de a coerência se constituir na característica principal, fundamental de um texto, aquilo que converge uma mensagem verbal em texto. (Charolles, *apud* Koch; Travaglia, 1993:31)

Os teóricos, em geral, reconhecem que o estabelecimento da coerência em um texto depende (Koch e Travaglia, 1993: 47-53) de três ordens de elementos: de elementos linguísticos (seu uso e conhecimento) e como cada elemento se deve encaixar na sequência linguística que vai constituir o contexto linguístico; do conhecimento do mundo, que deve ser partilhado pelo produtor e receptor do texto; de fatores pragmáticos e interacionais, como o contexto situacional, os interlocutores em si e intenções comunicativas.

Por se tratar este livro de uma iniciação, esclareçamos, num propósito pedagógico, que a Pragmática, uma corrente linguística sobre o texto, estuda a relação entre a linguagem e seu uso, enfoque de todo necessário na abordagem da coerência de um texto, já que há palavras e frases cuja interpretação, ou sentido, só pode ocorrer numa situação concreta de uso. Assim, em "Li, maravilhado, o precioso livro que Pedro me indicou", "maravilhado" e "precioso", numa dada situação comunicativa, em que, admitamos, a ironia

8. Enfim, que é ter competência textual?

predomina por parte do falante, devem ser entendidos com o sentido oposto ao registrado no dicionário.

O conhecimento linguístico (fonético/fonológico, morfológico, lexical, sintático e semântico) é de todo necessário evidentemente para a obtenção da coerência textual, fornecendo pistas ou marcas essenciais na sequência do texto para a apreensão do seu sentido. O não domínio de certas construções sintáticas ou o desconhecimento do valor significativo de palavras e expressões essenciais, às vezes até reiterativas, na construção do sentido global do texto, pode efetivamente impedir a compreensão deste. Mesmo num breve enunciado como "Em se recuperando, poderíamos voltar a conversar", a dificuldade de um receptor com certos recursos sintáticos menos correntes, como com a estrutura "Em se recuperando", pode acarretar embaraço no sentido textual que o emissor quis transmitir apenas com esta frase, que fará parte certamente de um contexto maior.

Importante assinalar que é a coerência que vai ditar quais recursos coesivos devem ser utilizados em cada momento da construção sequencial de um texto, e não o contrário. Assim, neste curto texto, "Não fui ao passeio, porque me encontrava indisposto", sua coerência está a exigir o uso de um conector causal a encadear a segunda oração à primeira. É certo que este conector pode não ocorrer ("Não fui ao passeio. Me encontrava indisposto"), mas a coerência não se perde. A justaposição entre as duas orações continua a garantir a coerência textual através do valor significativo de cada elemento linguístico em relação aos demais. Mas a presença do conector como que torna a coerência mais imediata.

A coerência textual, porém, não se alcança apenas por meio do conhecimento linguístico. O conhecimento do mundo é indispensável à construção do sentido do texto. Um texto que focalize, por exemplo, certo assunto técnico apenas será compreendido pelos leitores que, em princípio, atuem ou tenham leitura neste campo específico de conhecimento, como o campo da economia, da química ou da linguística. Claro que haverá frases compreensíveis, mas que não permitirão a apreensão do sentido global da unidade texto. Emissor e receptor devem partilhar o conhecimento do mundo manifestado num texto, vale dizer, terem certo grau de similaridade cognoscitiva.

Na verdade, é o conhecimento partilhado que vai determinar a estrutura informacional do texto. Koch e Travaglia (*op. cit.*, 69-70) evidenciam que, mesmo em sequências conversacionais do tipo pergunta/resposta, em que esta não tem ligação linguística ou de conteúdo explícito com aquela, é o conhecimento partilhado do mundo quotidiano que vai garantir o sentido do texto dialogal e, portanto, sua coerência:

— Você vai à aula amanhã?
— Os ônibus estarão em greve.

As inferências, ligadas ao conhecimento do mundo, constituem também fator muito importante para o estabelecimento da coerência de um texto. Nas inferências não se tem uma relação explícita entre dois elementos textuais. Surgem justamente do conhecimento do mundo por parte dos interlocutores, como neste ato de fala: "Você pode me servir um pouco mais de lentilha?" A se inferir – o falante gostou da lentilha servida.

Pelo que já se falou da coerência textual, não se pode deixar de enfatizar que ela depende, e muito, de fatores pragmáticos, envolvendo os atores do ato verbal, a situação de fala, a intenção comunicativa.

Assim, numa crônica de Fernando Sabino, "Albertine Disparue", de 1960, há um diálogo, com falas breves, que percorre toda a narrativa, entre patrão e sua empregada doméstica, portanto, entre dois personagens de posição sociocultural bem diferente. Numa sequência de falas rápidas, a empregada doméstica só responde ao patrão com "tá". A certa altura, já bem irritado de ouvir tantos "tá", o patrão acaba por responder à Albertina também com um "tá". Só com o acompanhamento da narrativa dialogada, em certa situação comunicativa, com o conhecimento dos personagens, é que se pode apreender a intenção do patrão ao empregar conscientemente o "tá", repetindo a fala da empregada:

> – O senhor quer que eu arrume seu quarto?
> –Quero.
> –Tá. (...)
> – Posso varrer a sala?
> – Pode.
> – Tá. (...)
> – Não seria melhor você primeiro fazer o café?
> – Tá. (...)
> – Quando telefonarem você pede o nome.
> – Tá. (...)
> – Hoje vai haver almoço?

— O senhor quer?
— Se for possível.
— Tá. (...)
— Faz outra coisa.
— Tá. (...)
— Que bobagem é essa aí, Albertina?
— Não é nada não senhor — disse ela.
— Tá — disse eu.

Outros fatores podem ser ainda importantes para a compreensão e o estabelecimento da coerência de um texto, ligados aos três tipos de conhecimento anteriormente explicitados, como a situacionalidade, a intencionalidade/aceitabilidade, a informatividade, o enfoque, a intertextualidade e a relevância, estudados pela já citada obra de Koch e Travaglia (1989:76-101), à qual remetemos os leitores, deixando de analisá-las aqui para nos fixarmos no que se reputa de essencial sobre coerência em uma obra de iniciação. Nunca foi nosso objetivo nesta iniciação tratarmos abrangentemente de nenhum tema selecionado pelo autor.

Para finalizarmos este capítulo sobre a competência textual, retornemos ao texto "Sugestão" (p. 216-7), de Rubem Alves, em que foram já tratados alguns dos mecanismos de coesão, para agora nos determos na análise de sua coerência, ressaltando alguns dos fatores que contribuem para a construção do sentido global da crônica acima transcrita.

No texto-crônica de Rubem Alves, podemos dizer que a coerência começa a se esboçar com o título "Sugestão", portador de conceito que reaparece, ao final, com o enunciado "Talvez uma coisa simples e barata que pode ser feita para

8. Enfim, que é ter competência textual?

os velhos é ler, para eles..." Eis a sugestão. Na verdade, a ideia de "leitura" perpassa a crônica. Assim, as mencionadas "mãe" e "avó" nunca haviam lido um livro antes: "Nunca (a mãe) havia lido um único livro em toda a sua vida" e "A neta (portanto, referência à avó) teve a mesma ideia: começou a ler para a sua avó." E o que aconteceu com ambas? "Um milagre aconteceu." "Começou (a mãe) a ler e agora não queria parar de ler." "O mesmo milagre aconteceu (com a avó). Agora não parava de ler." Acrescente-se que para a mãe e para a avó foram lidos "alguns dos meus textos" (do narrador). A leitura foi, deste modo, para ambas, "O mesmo milagre", afastando-as de uma "profunda melancolia", da "depressão", ou da "tristeza de duas perdas". Para o narrador, "A grande tristeza da velhice é a solidão". Daí esta "coisa simples e barata que pode ser feita para os velhos é ler, para eles", atitude assumida pela filha e pela neta.

O texto de Rubem Alves apresenta, portanto, uma coerência bem apreensível, garantidora de um sentido global que pode ser interpretado e compreendido.

Observe-se que é também coerente no texto o cotejo das personagens "mãe" e "neta", que vivem uma mesma situação. Não sem razão, pois, a palavra mesmo com sua forma feminina (mesma) se repete duas vezes ("mesma ideia" e "mesmo milagre"), ocorrendo ainda, para reforçar a comparação entre as duas vivências narradas, as palavras semelhante ("Algo semelhante") e também ("O outro (e-mail), também de uma mulher").

Desnecessário dizer, pensamos, que a coerência do texto é garantida, antes de tudo, pelo conhecimento linguístico revelado e pelo conhecimento de mundo partilhado entre produtor e receptores (os leitores): a solidão e tristeza da velhice, o valor ocupacional da leitura para pessoas de mais idade, especialmente de obras literárias, apresentado como sugestão pelo produtor.

Fatores pragmáticos e interacionais não podem também deixar de ter a sua força para se alcançar a coerência. Note-se todo o contexto situacional e os interlocutores que falam só através dos e-mails para o narrador: este recebe e-mails de duas mulheres, nos quais elas falam de suas mãe e avó, que, por meio de textos dele, vão superando a solidão e a tristeza da vida. A fala do narrador não traz embaraço para a leitura do texto ao se misturarem frases propriamente do narrador ("Recebi dois e-mails que me deram grande alegria") e frases que o narrador formula ao imaginar o que se teria passado com as duas senhoras, daí o emprego de palavras como "Certamente" ou "Talvez" ("Certamente pensava no fim que se aproximava", "Talvez eu, velho, tivesse colocado, em palavras, coisas que estavam nas suas almas").

Há, em relação à coerência deste texto, um fator, dos que não chegamos a examinar, que contribui para a apreensão desta: o da intencionalidade/aceitabilidade, noções introduzidas para dar conta, respectivamente, dos intentos dos emissores (no caso, do narrador) e das atitudes dos receptores (no caso, dos leitores), numa espécie de atitude cooperativa: o narrador quer produzir um texto que faça sentido, e os leitores veem a produção do primeiro como algo que ele fez para ter sentido e agem em função disto, pois o interpretador faz tudo para calcular o sentido do texto e encontrar a sua coerência. (Koch e Travaglia, *op. cit.*, 79). Todos os recursos utilizados ao

8. Enfim, que é ter competência textual?

longo do texto contribuem para que se estabeleça esta atitude cooperativa.

Então, na construção de um texto, como o de Rubem Alves, o emissor vai, além de depender dos três tipos de fatores necessários mencionados (do linguístico, do conhecimento partilhado e dos fatores pragmático e interativo), deixando pistas para tornar possível a leitura do texto, que são os elos coesivos e as marcas que cumulativamente garantem a coerência, entendida como um princípio de interpretação segundo o qual sempre se julga que o texto faz sentido e se faz tudo para ele ser alcançado.

Além da Linguística Textual, os estudos da realização da linguagem (seu nível individual) produziram dois outros objetos teóricos importantes na Linguística contemporânea: a Pragmática, de que já falamos sucintamente, e as teorias do discurso, campos de estudo da linguagem estes que não fazem parte do plano traçado para esta iniciação.

A Pragmática, repisando, estuda o uso linguístico, as condições que governam a prática da linguagem. Se eu pedir, numa simples ilustração, a alguém próximo que "Por favor, feche a janela", não se estará simplesmente formulando um pedido, mas se estará também querendo insinuar, por exemplo, que certa corrente de ar está incomodando. Para uma visão ampliada da Pragmática, sugerimos aos leitores o texto "A linguagem em uso" (2002:165-186), de Fiorin, que há oportunos exemplos.

Já uma teoria do discurso tem como objeto de análise o produto social da enunciação, que se manifesta como texto, entendida a enunciação como o ato individual de utilização da língua, o ato de criação do sujeito falante. Os enunciados se distinguem da enunciação, por se manifestarem como realizações linguísticas concretas. Numa simples ilustração colhida em Fiorin (2013: 200), para cujo capítulo "O uso linguístico: a pragmática e o discurso" remetemos os leitores com vista a um conhecimento ampliado e acessível sobre teoria do discurso:

> As anedotas, as frases maliciosas, de duplo sentido, os textos humorísticos jogam com dois planos de leitura. Neles, lê-se o que pertence a um plano em outro:
> O cirurgião lava as mãos, antes da operação e pede ao assistente:
> – Álcool, por favor.
> O paciente ouve e entra em pânico:
> – Ai, doutor! Não dá para o senhor beber depois da operação?

Com este exemplo, podemos voltar a enfatizar a ideologia linguística que se defendeu ao longo desta Iniciação, seguindo especialmente boa parte da obra de Coseriu: a linguagem é uma atividade livre, finalística, criadora, que não repete, pois, apenas o aprendido. Ela se faz presente, como já se disse, nas manifestações desviantes, mas também quando se seguem regras históricas e sociais da linguagem, presentes, contudo, o esforço e o intento na comunicação com o outro, garantidores do exercício significativo da linguagem em dadas circunstâncias. Ela acompanha o homem. Por trás dela e com ela estará sempre então o homem, cuja atividade linguageira deve ser o ponto de partida para a formulação de qualquer teoria sobre a linguagem verbal.

Referências bibliográficas

1. Afinal, que faz o linguista?

BILAC, Olavo. *Poesias*. Rio de Janeiro: Francisco Alves, 1921.

BITTENCOURT, Terezinha da Fonseca Passos. "Oralidade, escrita e mídia: o meio e a mensagem". In: CEZAR, M.; BITTENCOURT, T.; BARROS, L.M.B. (orgs.) *Entre as fronteiras da linguagem*. Textos em homenagem ao prof. Carlos Eduardo Falcão Uchôa. Rio de Janeiro: Lidador, 2006, p. 89-104.

CÂMARA JR., Joaquim Mattoso. "Erros de escolares como sintomas linguísticos no português do Rio de Janeiro". In: UCHÔA, Carlos Eduardo Falcão. (org). *Dispersos de J. Mattoso Câmara*. Rio de Janeiro: Lucerna, 3. ed., 2004, p. 87-98.

COSERIU, Eugenio. "Do sentido do ensino da língua literária". Tradução de Evanildo Bechara. *Confluência*, 5. Rio de Janeiro: Liceu Literário Português, 1993, p. 29-47.

FIORIN, José Luiz (org.). *Introdução à Linguística* (2v.). São Paulo: Contexto, 2002.

_____ (org.). *Linguística? Que é isso?* São Paulo: Contexto, 2013.

GERALDI, João Wanderley. "Escrita, uso da escrita e avaliação". In: GERALDI, João Wanderley (org.). *O texto na sala de aula*. São Paulo: Ática, 1997, p. 127.

PERINI, Mário. *Gramática descritiva do português*. São Paulo: Ática, 1985.

SAUSSURE, Ferdinand de. *Curso de linguística geral*. São Paulo: Cultrix, 1970.

2. Para que serve a linguagem?

BILAC, Olavo. *Poesias*. Rio de Janeiro: Francisco Alves, 1921.

CARVALHO, José Gonçalo Herculano de. *Teoria da linguagem*. Tomo I. 6. ed. Coimbra: Atlântida, 1983.

CORREIA, Marlene de Castro. *Drummond: a magia lúcida*. Rio de Janeiro: Zahar, 2002.

COSERIU, Eugenio. *Linguística del texto; introducción a la hermenéutica del sentido*. Madrid: Arco/Libros, 2007.

FIORIN, José Luiz (org.). *Linguística? Que é isso?* São Paulo: Contexto, 2013.

LEONI, Raul de. *Luz mediterrânea*. São Paulo: Livraria Martins Editora, 1948.

ROMAN, Jakobson. *Linguística e comunicação*. São Paulo: Cultrix, 1975.

VARELA, Fagundes. *In*: BARRETO, Fausto; LAET, Carlos de. *Antologia Nacional*. 29ª ed. Rio de Janeiro: Francisco Alves, p. 401.

3. Que é ter competência linguística?

ALVES, Rubem. *Palavras para desatar nós*. Campinas (SP): Papirus, 2011.

Referências bibliográficas

BANDEIRA, Manuel. *Poesias*. Rio de Janeiro: José Olympio, 1955.

BARROS, Manoel de. *Memórias inventadas. A primeira infância*. São Paulo: Planeta do Brasil, 2003.

BITTENCOURT, Terezinha da Fonseca Passos. "Ensino de gramática e produção textual". *Revista da Academia Brasileira de Filologia*. Rio de Janeiro, nº VI, 2, 2009.

CARVALHO, José Gonçalo Herculano de. *Estudos linguísticos*. v. 2. Coimbra: Atlântida, 1969.

_____. *Teoria da linguagem*. 6. ed. v. 1. Coimbra: Coimbra Editora, 1983.

COSERIU, Eugenio. *Competência lingüística. Elementos de la teoría del hablar*. Madrid: Gredos, 1992.

_____. "El español de América y la unidad del idioma". *I Simposio de Filologia Iberoamericana*, Saragosse, 1990, p. 43-75.

_____. *Lições de linguística geral*. Rio de Janeiro: Ao Livro Técnico, 1980.

_____. "Sistema, norma y habla". In: *Teoría del lenguaje y lingüística general*. Madrid: Gredos, 1962, p. 11-113.

GARCIA, Othon Moacir. *Comunicação em prosa moderna: aprenda a escrever aprendendo a pensar*. Rio de Janeiro: FGV, 1978.

PÉCORA, Alcir. *Problemas de redação*. 2. ed. São Paulo: Martins Fontes, 1986.

4. Que é ter domínio de uma língua?

ANDRADE, Carlos Drummond de. *50 poemas escolhidos pelo autor.* Rio de Janeiro: Ministério de Educação e Cultura, 1956.

BARROS, Manoel de. *Memórias inventadas. A primeira infância.* Campinas (SP): Planeta Global, 2003.

CÂMARA JR. *Estrutura da língua portuguesa.* Petrópolis: Vozes, 1970.

CARVALHO, José Gonçalo Herculano de. *Teoria da linguagem.* Lisboa: Almedina, tomo I, 1983. Tomo II, 1984.

CORREIA, Marlene de Castro. *Drummond: a magia lúcida.* Rio de Janeiro: Zahar, 2002.

COSERIU, Eugenio. *Teoría del lenguaje y lingüística general.* Madrid: Gredos, 1962.

JAKOBSON, Roman. *Linguística e comunicação.* São Paulo: Cultrix, 1975.

MARTINET, André. *La linguistique synchronique.* Paris: Presses Universitaires, 1965.

SAUSSURE, Ferdinand de. *Curso de linguística geral.* São Paulo: Cultrix, 1970.

5. E o saber gramatical? Que vem a ser?

ALVES, Rubem. *Palavras para desatar nós.* Campinas/(SP): Planeta Global, 2011.

AZEREDO, José Carlos. *Gramática Houaiss da língua portuguesa.* São Paulo: PubliFolha, 2008.

BECHARA, Evanildo. *Ensino da gramática. Opressão? Liberdade?* São Paulo: Ática, 1985.

BORTONI-RICARDO, Stella Maris. *Nós cheguemu na escola, e agora?: sociolinguística e educação.* São Paulo: Parábola, 2005.

COSERIU, Eugenio. *Gramática, semántica, universales.* Madrid: Gredos, 1978.

_____. *Lições de linguística geral.* Rio de Janeiro: Ao Livro Técnico, 1980.

FRANCHI, Carlos. *Criatividade e gramática. Trabalhos de linguística aplicada.* Campinas: UNICAMP, n. 9, p. 5-45, 1987.

GERALDI, João Wanderley. *Portos de passagem.* São Paulo: Martins Fontes, 1996.

KOCH, Ingerore; TRAVAGLIA, Luiz Carlos. *Texto e coerência.* São Paulo: Cortez, 1989.

LEMLE, Miriam. "Heterogeneidade dialetal: um apelo à pesquisa." In: *Linguística e ensino do vernáculo.* Rio de Janeiro: Tempo Brasileiro, p. 53-4.

PAGLIARO, Antonino. *A vida do sinal.* Lisboa: Fundação Calouste Gulbenkian, 1967.

PERINI, Mario A. *Gramática descritiva do português.* São Paulo: Ática, 1995.

PICCARDO, Luis Juan. Gramática y enseñanza. In: *Anales del Instituto de Professores "Artigas. Montevideo",* nº 1, año 1, 3-23, 1956.

POSSENTI, Sírio. *Por que (não) ensinar gramática na escola?* Campinas (SP): Mercado de Letras, 1996.

SAUSSURE, Ferdinand de. *Curso de linguística geral.* São Paulo: Cultrix, 1970.

UCHÔA, Carlos Eduardo Falcão. *O ensino da gramática: caminhos e descaminhos.* 2. ed. Rio de Janeiro: Lexikon, 2016.

6. Como varia uma língua?

CARVALHO, José Gonçalo Herculano de. *Teoria da linguagem.* Tomo I. Coimbra: Almedina, 1983.

COSERIU, Eugenio. *Lições de linguística geral.* Rio de Janeiro: Ao Livro Técnico, 1980.

MARCUSCHI, Luiz Antonio. "Concepção de língua falada nos manuais de português de 1º e 2º graus: uma visão crítica." In: *Trabalhos em Linguística Aplicada.* 30:30-39.

_____. *Da fala para a escrita: atividades de retextualização.* São Paulo: Cortez, 2001.

7. Como as línguas mudam?

BARROS, Manoel. *Memórias inventadas. A segunda infância.* São Paulo: Planeta do Brasil, 2006.

CÂMARA JR. "Ele como um acusativo no português do Brasil". In: UCHÔA, Carlos Eduardo Falcão (org.). *Dispersos de J. Mattoso Câmara.* Rio de Janeiro: Lucerna, 2004.

CHAGAS, Paulo. "A mudança linguística". In: FIORIN, José Luiz (org.). *Introdução à linguística*. v. 1. São Paulo: Contexto, 2002, p. 141-164.

COUTINHO, Ismael de. *Pontos de gramática histórica*. Rio de Janeiro: Ao Livro Técnico, 1976.

CUNHA, Antônio Geraldo da. *Dicionário histórico das palavras portuguesas de origem tupi*. São Paulo: Melhoramentos, 1982.

_____. *Dicionário etimológico Nova Fronteira da língua portuguesa*. Rio de Janeiro: Nova Fronteira, 1982 (Lexikon, 2009).

GABAS JR. Nilson. "Linguística histórica". In: MUSSALIN, Fernanda; BENTES, Anna Christina (orgs.). *Introdução à linguística*. v. 1. São Paulo: Cortez, p. 77-104.

TARALLO, Fernando. *A pesquisa sociolinguística*. São Paulo: Ática, 1986.

VIOTTI, Evani. "Mudança linguística". In: *Linguística? Que é isso?* FIORIN, José Luiz (org.). São Paulo: Contexto, 2013, p. 137-180.

8. Enfim, que é ter competência textual?

ALVES, Rubem. *Palavras para desatar nós*. Campinas (SP): Papirus, 2011.

ANDRADE, Carlos Drummond de. *50 poemas escolhidos pelo autor*. Rio de Janeiro: MEC, 1956.

BARROS, Manoel de. *Memórias inventadas. A infância.* São Paulo: Planeta, 2003.

BENTES, Anna Christina. "Linguística textual". In: MUSSALIN, Fernanda; BENTES, Anna Christina (orgs.) *Introdução à linguística 1 (domínios e fronteiras).* São Paulo: Cortez, p. 245-287.

COSERIU, Eugenio. *Competencia lingüística; elementos de la teoria del hablar.* Madrid: Gredos, 1992.

_____. *Linguística del texto: introducción a la hermenéutica sel sentido.* Madrid: Arco/Libros, 2007.

FIORIN, José Luiz. "A linguagem em uso". In: FIORIN, José Luiz (org.) *Introdução à linguística I (objetos teóricos).* São Paulo: Contexto, 2002, p. 165-186.

FIORIN, José Luiz; DISCINI, Norma. "O uso linguístico: a pragmática e o discurso". In: FIORIN, José Luiz (org.). *Linguística? Que é isso?.* São Paulo: Contexto, 2013, p. 181-204.

FRANCHI, Carlos. *Criatividade e gramática. Trabalhos de linguística aplicada.* Campinas (SP): UNICAMP, n. 9, p. 5-45, 1987.

KOCH, Ingedore Villaça. *A coesão textual.* São Paulo: Contexto, 1989.

_____. *Desvendando os segredos do texto.* São Paulo: Cortez, 2002.

_____. *O texto e a construção dos sentidos.* São Paulo: Contexto, 1997.

KOCH, Ingedore Villaça; ELIAS, Vanda Maria. *Ler e escrever*: estratégias de produção textual. São Paulo: Contexto, 2009.

Referências bibliográficas

KOCH, Ingedore Villaça; TRAVAGLIA, Luiz Carlos. *Texto e coerência*. São Paulo: Cortez, 1989.

KOCH, Ingedore; FÁVERO, Leonor. *Introdução à linguística textual*. São Paulo: Cortez, 1983.

PRATA, Antonio. *Trinta e poucos*. São Paulo: Companhia das Letras, 2016.

SABINO, Fernando. *O homem nu*. 6. ed. Rio de Janeiro: Record, s/d.

SAUSSURE, Ferdinand de. *Curso de linguística geral*. São Paulo: Cultrix, 1970.

TRAVAGLIA, Luiz Carlos. *Desvendando os segredos do texto*. São Paulo: Contexto, 2002.

_____. *Gramática e interação: uma proposta para o ensino de gramática no 1º e 2 º graus*. São Paulo: Cortez, 1996.

Este livro foi impresso no Rio de Janeiro em janeiro de 2020,
pela Cromosete Gráfica e Editora para a Lexikon Editora.
A fonte usada no miolo é Rotis Serif com corpo 12/16.
O papel do miolo é 75 g/m² e o da capa é 250 g/m².